はじめに

今、アメリカをはじめ先進国全体で資本主義社会の［終焉］が語られている。だが資本主義の次に来る社会について、論者の誰も社会主義だとは語らない。私は自信を持って言う。それはもちろん全世界の労働者による社会主義社会の建設であると。マルクスが呼びかけた「万国の労働者よ、団結せよ！」（1848年）を、今こそ私は日本の労働者だけでなく、世界中の国の全ての労働者に呼びかける。これから必ず必要なものとなるからである。

今から170年も前にドイツ人カール・マルクスが世界の労働者に向けて発信した『共産党宣言』を皆さんは、読んだことがあるだろうか。最近では恐らく少ないであろう。かつて読んだことがあっても、もうその内容を覚えている人は少ないかもしれない。かつてとは19世紀後半から20世紀後半にかけてのことだが、当時この『共産党宣言』は世界中で最も読まれた本であった。私は皆さんに今から是非、それを読んでほしいと願う。

その『共産党宣言』とは、どんな本なのか？　それをごく簡単に言えば、現代社会（世界中の経済は、資本主義経済社会一色である）で、ますます広がる「貧富の格差」を無くし、社会的対立と戦争を無くし、さまざまな「社会的偏見・差別」特に「労働差別（搾取）」を無くすため、労働者の「賃金奴隷」としての社会的地位を自らの力で廃止し、社会的差別のない平等・公平な人間社会を造ることを目指したものである。そこにある新しい平等・公平な社会とは、決して遠い未来のことではなく、現在の社会すなわち資本主義社会のすぐ次に造るべき社会として発見され、設定されている。

ではその『共産党宣言』の要点を見てみよう。それは一般に内容を「社会主義」論と言われている。正確に言えば「科学的社会主義」論である。そしてその社会を実際に実現できる者（主体）は、20世紀においてよく言われたように誰でも良いのではなく、現代労働者階級（プロレタリア）である。そして彼らによってのみ、少なくとも彼らが中心となって建設される社会であると、そこで語られている。なぜ実現可能なのかと言えば、現在の高度資本主義経済がその実現条件を示しているからだと語っている。これがマルクスの「科学的」社会主義理論の中心である。彼の科学的・社会主義論は彼一個人の単なる思い付きや、想像（つまり思想）ではなく、膨大な資料から発見された理論である。それは唯物論的思考と言われ、社会問題の本質を探ろうとする意志を持てば誰にでも理解できる理論である。

もちろん彼以外の者も社会主義論を唱えはしたが、それらの社会主義論は「科学的」理論ではない。科学的であるかないかは、社会主義が現実社会の中から発見されたものか、直観的に得たものか、その内容が本当に実現できるのかどうかに決定的な違いがある。科学的ではないものは、実際に現実社会で実現できるものではない。それらは中途半端なものか、空想的なもの（例えばユートピアなど）でしかない。

しかもそこで実現主体と言われる労働者は、各国人口の少数者ではなく多数者としてであると。なぜなら各国の大企業にとどまらず、全ての企業、経済のあらゆる地域を組織的に管理・運営できる能力を備えているのは、労働者だけであり農民などではない。農民は高度の資本主義経済では現実に少数者になるほかない。

そもそも「科学的理論」というものは、必ず現実の中にある物質的存在や物質的生活で可能な条件がなければならないものである。分かりやすく、「社会科学」とは違う「自然科学」の分野で言うと、例えばインフルエンザが発生すれば、厳密な研究で原因を探し、インフルエンザの原因物質を見つけ出し確認して初めて、実際に有効な薬や処方箋ができる。発見した人はたとえ一人であっても、その結果は誰にでも確認でき信用され、役に立つ。自然科学では科学とは、あらゆる物質の中から原因物質を探し出さなければ、その後の有効な対処ができないものである。だからそれを空想や想像では造れるものではない。自然や物質の中だけではなく、人間の社会関係・歴史においても現実の中に原因・根拠となるもの（経済過程）を発見することが大切であるし、絶対不可欠な作業なのである。人間社会の物質的条件とは何か。それは実際の生活（経済）である。

私が2015年に世に出した本『マルクスの科学的・労働者社会主義とは何か――「二〇世紀社会主義」論は誤りである――』の読者から質問を受けたのだが、その本の内容が難しいので、より分かりやすく説明してほしいとの要望があった。そこでご要望にお応えして誰にでも分かりやすい読み物にしたのである。

マルクスによる「科学的社会主義」の建設◇目次

評論5

池上彰氏へ警告する
大学における風評論だけの惰性的社会主義講義……

著書『戦後70年　世界経済の歩み』（２０１５年　ＫＡＤＯＫＡＷＡ）

❏20世紀〝社会主義圏〟とは？　実態は「国家」資本主義圏
❏マルクスの科学的発見の検証もしなかった世界中の共産党など
❏ヨーロッパ・マルクス主義哲学者たちは一体何をやっていたのか
❏ソ連共産党の「過渡期」論とマルクスの「過渡期」論との違い
❏ソ連は東欧を「衛星圏」として植民地化
❏次の歴史的社会は、高度の社会的生産及び社会的所有制度
❏先進諸国の「民主主義」とは何か
❏なぜ20世紀に社会主義や共産党が〝流行〟したのか
❏スターリン時代とその後のソ連崩壊まで
❏マルクスの「政治的過渡期」とは
❏20世紀の自称社会主義国の実態は国家資本主義社会
❏労働者社会主義革命に必要な考え方は、唯物弁証法思考
❏毛沢東の農民的社会主義政治の反動性
❏ソ連の１９８０年代はソ連帝国主義の末期症状

Ⅰ　マルクスの「科学的社会主義」とは何か

社会主義社会の実現、この社会的、歴史的条件を満たすものは何か、から始める。ただその前に、前置きしておきたいことがある。１９９１年の「ソ連邦崩壊」事件の後、世界中でそれが「(ソ連型) 社会主義の崩壊」と言われたから、社会主義が嫌われ無視されるようになってしまった。科学的に見れば「ソ連邦の崩壊」は「社会主義の崩壊」ではないにもかかわらず、社会主義の崩壊と間違って規定されたにすぎない。世界中の多くの人々がその全く間違った判断に影響された結果、その誤判断が世界の〝常識〟として扱われてしまった。マルクスと同じ考え方を使って、20世紀でのソ連などいわゆる社会主義国すべてを分析すれば、それらは全く社会主義社会ではあり得ないことが分かる。

そこで9年ほど前から「ソ連邦崩壊」を「社会主義の崩壊」とか「ソ連型社会主義の失敗」などと判断し、発表した有力者やその著書に対して、私は、科学的反論を開始した。その要旨をまとめたのが、２０１５年の私の本である。従ってその筋の専門家の本を相手にした。理論的対決は専門書から始めるべきだと考えたからである。当然議論・論証や表現が厳しいものになった。ただ結果は最低限の成果が表れた。私が批判した相手は「ソ連邦崩壊」を「社会主義の崩壊」とは言わなくなったことである。

これからの私の作業は彼らに対してではなく、一般労働者へ呼びかけることである。20世紀から21世紀の今現在においても、悪影響の被害者でもある全世界の50億の労働者に向けて、マルクスの「科学的社会主義」論を発信する仕事である。まず社会主義社会を実現させるには、現実社会にその条件が存在しなければならない。それは客観的条件として発達した資本主義経済社会（主に先進国）の矛盾の拡大と、主体的条件としてそこでの労働者階級の組織力しかあり得ないのである。

20世紀のように働く者が農民だけとか圧倒的に農民である国では、社会主義建設の現実的・客観的条件も、主体的条件（労働者）もなかった。また仮に労働者が存在しても全く未熟な資本主義経済、少数の労働者という歴史状況であっては、現実に実現不可能なのである。なぜなら現代労働者は、高度資本主義経済の下で企業経営の組織的実務を積んだからこそ、その任務を果たせるからである。これはこの『共産党宣言』の文を読むだけですぐに分かることで、読んで誤解される余地などない素直な文章なのである。

にもかかわらず、この点をマルクス没後135年も経つ今でも、エンゲルス以外のほとんどの者が忘れてしまったか、（善意に解釈しても）分からなかったようである。だが私は、なぜ「分からなかったのか」を追究してみて、分かったことがあった。世界中には『共産党宣言』を自国語に翻訳、紹介した人や本は、数えきれないほど多く存在した（もちろん日本でも）し、当然何千万何億人がそれを読んだはずなのに、その本に書かれている大事な要点に気がつかなかった、と言うしかあるまい。しかも、とりわけその本の一字一句を翻訳した〝専門家〟でありながら、その本のどこの何が重要なものかが分からない者ばかりであったと言うほかないのである。情けない限りである。

従ってマルクスの『共産党宣言』などにある「科学的」社会主義とは何か、今から改めてABCのAから説明しなければならない。なぜなら20世紀中、ソ連共産党をはじめ世界中の共産党や〝労働者党〟や学者知識人らによって、その「宣言」の内容が手前勝手に解釈され、宣伝されたからである。その結果世界中で共産党に反対、敵対する勢力、政党なども加わって、マルクスの『共産党宣言』の誤った内容が、スターリン時代以降世界中の〝常識〟とされてしまったのである。

その誤りの典型的な一例を挙げれば、「1917年ロシア革命＝社会主義革命」説が今でも世界中の国の書物・事典・教科書などに書かれ、当然視されていることである。その歴史的事件を科学的に（唯物論的に）考えれば、その判断は全くの誤りである。後で項を改めて説明するが、それは社会主義革命ではもちろんなく、政治的にはそれ以前の近代革命の一種（いわば人民民主革命）でしかなく、経済的にも社会主義以前の資本主義的経済（国家資本主義経済）の登場でしかなかったのである。

これからは、20世紀中に世界中にはびこったまま、今も続いている偽社会主義の誤りとか、歪曲、さらにはその偽造までを、一つ一つ正しく直す作業を始め、世界の労働者がマルクスの科学的社会主義に自信を持って闘い進めることを願うばかりである。

皆さんは「社会主義社会」と聞いて、かつてのソ連や中国、東欧とかベトナム、キューバなどを思い浮かべるでしょう。これらの国は、20世紀において社会主義の国々と言われていたことは事実である。しかし調べてみると、それらはマルクスの社会主義とは似て非なる社会であると言わざるを得ない。いや似て非なるどころか、全く違う社会である。これらの国の共産党や共産党政権などは、口先では社会主義と言いながら、どの国においてもその現実社会の実態はマルクスの『共産党宣言』に言う社会主義とは明らかに違う社会であるし、そこへ直接向かいつつある社会でもない。

このように話すと、よく人は言う。それは「理想（や理念）と現実の違い」であろうと。だが、そうではないのである。「科学的」でない社会主義ならば（単なる一個人の「思想」ならば）、それも当てはまるであろうが、「科学」として社会主義を規定したならば、それは歴史上の社会の現実に実現できる条件が備わっていなければ、実現し得ないものである。つまり20世紀での〝社会主義国〟とは、当時の社会の現実に社会主義実現の条件がないのに、共産党や政権党が勝手に社会主義国と宣言したにすぎないのである。だからその社会主義は、まるでマルクスの「科学的」社会主義とは似ても似つかぬ社会だったのである。では社会主義社会の実現の歴史的条件とは何か。

マルクスが『共産党宣言』から『資本論』などまで、生涯にわたって説いてきたことは、現実に十分に発達した資本主義社会の存在という客観的条件があることが第一、その経済社会の矛盾が拡大して資本主義経済の発展が困難になった状態が現実化していることが第二、そしてそこで働く圧倒的多数の「組織的」労働者の存在が第三、さらにその労働者が政治権力を握ることが第四、そして労働者政治権力が資本主義経済を廃止すると宣言することと同時に、それに反抗する者を労働者の組織力で排除することが第五の条件であり、直ちに労働者が中心的大企業から地方へ全国へ全企業、産業へと、労働者による生産管理・運営を進めることが第六。これらが社会主義実現への基本条件である。20世紀での〝社会主義圏〟のどこにもこの条件は全くなかったのである。だからこれらは全く社会主義社会ではなかったのである。

では、それらは実際には社会主義社会でなければ、一体どんな社会だったのか。結論から言えば、「国家資本主義経済社会とその発展形態及びその上部構造＝政治形態など」でしかなかった。つまり社会主義どころか、それ以前の依然として未発達の資本主義経済社会を土台とした人民国家であった。実際にもそれらの国々は共産党政権の口先ではともかく、一日たりとも社会主義であったことはないのである。例えば労働者による生産管理などどこにもなかった。あのロシア・ソ連でもそうである。

当時〝社会主義圏〟の中で相対的に経済が最も発達していたのがソ連であるが、そこでも労働者階級は、働く人口のごく少数の数パーセントでしかなく、ほとんどは農民であった。これ一つ挙げただけでも全く社会主義生産は皆無であった。だが当時の政治指導者レーニンは、ソ連の遅れた資本主義経済企業の中核を国有化し、それを共産党が管理すれば社会主義へ直ぐに到達すると考えた。これが誤りの始まりである。その第一の原因は、資本主義と社会主義とでは生産様式が全く反対であることを軽視したか、無視したからである。資本主義から社会主義への転換がわずか数年でできるはずがないのである。

歴史的社会を科学的に分析して、現実の社会に実現可能な条件を発見しなくてはならない。これが社会主義建設への第一条件である。20世紀の〝社会主義国〟には実現可能な条件などありもしなかった。だから全くの誤りである。つまりこれは「理想と現実の違い」ではないのである。考えや理屈そのものが間違いである。

ところが20世紀のソ連共産党以下、全世界の共産党は全く誤った理屈（偽造社会主義）を唱えていた。そして他党派、学者知識人らすべてもこの誤った理屈の上で愚かな不毛な議論をしてきた。この愚かな議論の果てに、全世界の労働者はデタラメな社会主義論を吹聴され、社会主義像の混乱や興味喪失となってしまった。だからこそ私はマルクスの科学的・社会主義論を復活させなければならないと、決意したのである。まず『共産党宣言』では〝資本主義社会の墓掘り人〟である労働者達とは、何をすることなのかをはっきりと説いている。それを確かめる必要がある。

❏「墓掘り人」とはなにか

マルクスの『共産党宣言』第一項に「ブルジョアとプロレタリア」とある。この言葉は最近では聞き慣れない単語であろう。ブルジョアという単語は、元はフランス語で近代資本家、すなわち社会的生産の諸手段の所有者で、労働者を雇用する側である。今では一般に会社社長とか経営者達である。プロレタリアというのは、元はドイツ語で自分の生産手段を持たないため、生きるにはブルジョアに自分の労働力を売るほかない賃金労働者のことである。

現代社会は、この二つの社会勢力（階級）の経済的対立が基本になってできている。ブルジョアは互いの激しい販売競争に打ち勝つためにどこまでも利益追求に走る。その利益とは一体どこから湧き出てくるのか、それは自然に天から降ってくるのではない。その源泉は企業労働者の労働によってのみ造りだされる。商売＝商品流通からのみ生まれる利益はもちろんあるが、それは第2義的である。決定的なのは良い商品ができたから売れるのである。だがそのうち労働者に支払われるのはごく一部だけである。それが給料（生活費）である。実際に労働者が労働で造り出したものは、給料の数倍の価値（社会的有用物）であるのに、である。

これをマルクスだけが『資本論』で「剰余価値生産・労働」として解明した。その「剰余価値」とは何のことか。何より剰余つまり余ったものとは？　ある物以上の価値か？　それは労働者の給料以上の物（価値物）のことである。剰余価値、これも労働者が生産したものである。ところがそれを資本家や経営者は全てタダで手に入れ泥棒する。この剰余価値部分は全て労働者が創りだした価値物である。だが労働者が創りだしたものなのに、経営者は一円も払わないで自分のものにするのである（不払い労働）。これが資本主義経済制度の秘密である。これが今、世界の全ての国で毎日毎時間行われていることである。

これがマルクスの言う「搾取労働」＝「賃金奴隷」制度である。分かりやすい例で言えば、例えば自動車会社の生産では、会社経営者が工場の土地、建物、生産材、用具機具などを全部用意しても、それが何百何千億円であろうと、それだけで自動的に〝売れる自動車〟ができるのではない。最後に労働者が労働（組み立て作業など）をして初めて、立派な新車が出来上がるのである。労働とは、このように唯一価値創造的作業なのである。

資本家はますます労働を強化し労働者を苦しめる。だからこそ労働者は人間的生活をかけて労働強化に反抗を始める。賃金や労働条件の部分的改良（経営者からの妥協）を勝ち取っても、経営者の労働強化は止まらない。だから労働者は経営者の労働強化をやめさせるには、個々の改良でなく経営者の存在そのものを廃止するしかない。これは経営者一人ひとりだけではなく、そのすべてを、つまり資本主義経済制度そのものを廃絶する必要があるのだ。だから「宣言」では資本家支配階級を廃絶する労働者階級を資本主義経済の「墓掘り人」と語っているのである。

また『共産党宣言』第四項で語っている。「共産主義者は労働者階級の直接当面する目的と利益とを達成するために闘うが、しかし、現在の運動の中にあって、同時に運動の未来を代表する」。こうして人類六千年前から続いてきた古代、封建時代そして現代の「奴隷制度」社会を最終的に廃止することができるのである。全世界の労働者が強く団結して闘い、資本主義奴隷制度を廃絶すること無くして、歴史的平等社会＝社会主義社会を完全に実現することはできない。ここで初めて人類全ての国や地域が文字通り〝奴隷〟のいない「自由な社会」となる。

『宣言』第三項では、マルクスの「科学的社会主義」とは異なる社会主義論をいくつか紹介している。「1．反動的社会主義として、a．封建的社会主義　b．小ブルジョア社会主義　c．ドイツ社会主義」などを挙げている。他に「空想的社会主義」も「ブルジョア的社会主義」の一種として挙げている。その中で重要なのは、「b．小ブルジョア社会主義」である。これは20世紀において広く唱えられた後進農業国の「農民的社会主義」が含まれている。その代表例は中国の毛沢東の農民的社会主義である。これは中国だけでなく東南アジアや中南米に大きな影響を与えた。それればかりか世界中の共産党や諸党派もマルクスの「科学的社会主義」と「農民的社会主義」との違いが分からず、混同するとか、あるいはマルクスの「科学的社会主義」を無視するという決定的間違いを犯し、いまだにそれを克服してもいない。

その上、ヨーロッパ「マルクス主義哲学者」のほとんどが知識人特有の思想文献漁りを続け、右記の「小ブルジョア社会主義」的解説という泥沼にはまってしまったのである（代表的な論者は、ルカーチ、ドイツのフランクフルト学派たち、フランスのサルトル、構造主義のアルチュセール、イタリアのグラムシ）。彼ら哲学者たちは、個人主義的研究や解釈に拘ったのである。このような「解釈通」をマルクスは生前最も嫌っていたのである。この悪影響は日本にも及び、今でも大学教授達や日本共産党周辺の知識人などに残存しているのである。この結果は見るも無残な〝社会主義論の解体状況〟となっているのである。

20世紀になってから、特に中国などの発展途上国で、毛沢東の農民社会主義の影響が拡大し、労働者の社会主義との混同や無視などがあり、社会主義観が曖昧になってしまった。

❏今までなぜマルクスの「科学」理論が分からなかったのか

マルクスの科学理論がなぜ分からなかったのか。これはそれほど不可解なことではない。それにはヒントがある。マルクスを一生涯支えた盟友エンゲルスの著書『空想から科学へ』の中の一文を引用しよう。もちろんエンゲルスは、いつもマルクスと必ず原文の読み合わせをしていた。

「いまでは社会主義は、もはやあれこれの天才的な頭脳の持ち主の偶然的な発見物としてではなく、歴史的に成立した二つの階級、プロレタリアートとブルジョアジーとの闘争の必然的な産物として、現われたのである。社会主義の課題は、もはや、できるだけ完全な社会体制を完成することではなくて、これらの階級とその対立抗争を必然的に発生させた歴史的な経済的な経過を研究し、この経過によってつくりだされた経済状態のうちにこの衝突を解決する手段を発見することであった。……問題は、一方では、資本主義的生産様式をその歴史的連関のなかで、また一定の歴史的時期にとってのその必然性を明らかにし、したがってまたその没落の必然性を示すことだったのであり、他方では、相変わらずおおいかくされたままだったこの生産様式の内的性格を暴露することだったのである。この仕事は剰余価値を明らかにすることによってなされた。不払労働の取得が資本主義的生産様式とそれによっておこなわれる労働者の搾取との基本形態であるということ、資本家は、彼の労働者の労働力を、それが商品として商品市場でもっている価値どおりに買う場合にさえも、自分がそれに支払ったよりも多くの価値をこの労働力から取り出すのだということ、そして、けっきょくこの剰余価値によって形成される価値額から、有産階級の手のなかでたえず増大する資本量が積み上げられるのだということ――これらのことが証明された。こうして、資本主義的生産と資本の生産との成り行きが説明されたのである。

これら二つの偉大な発見、すなわち唯物史観と、剰余価値による資本主義的生産の秘密の暴露とは、マルクスのおかげでわれわれに与えられたものである。これらの発見によって社会主義は科学になった。いまなによりもまず問題なのは、この科学をそのあらゆる細目と連関とについてさらに仕上げてゆくことである。」

（エンゲルス著『空想から科学へ』86～87頁　国民文庫　大月書店）

実に不思議なのは、この有名な本で、しかもこの重要な指摘文は多くの人が読んだはずなのに、それに気づかず、忘れていることである。文の内容は、皆さんが一読すれば分かるように、誤解など起こるはずのない素直な文である。労働者の皆さんが、一読されればすぐに納得されるであろう。それにもかかわらず、なぜこれを忘れたのか。まず何と言っても、20世紀のロシア・ソ連共産党をはじめ世界中の共産党が無責任なマルクス紹介と解釈を続けたことが原因であると言える。後進農業国の革命党にはたとえ革命的意志があったとしても、伝統的考え方を少なからず克服できていない点がある。ある理論を大思想とか哲学として尊重はするが、それ以上ではない。その理論を「科学」として扱うことが、マルクス、エンゲルス以外には誰も思いつかなかったと、言えるであろう。彼らの後継者たち（主にドイツ社会民主党員）も誰一人それを継承できなかった。それほどこの二人は当時の先進的西欧の知的水準を大きく超えていた。これは今でも同じである。

『共産党宣言』で、マルクスの社会主義は「労働者」による社会主義とはっきり規定している。『宣言』の後半のところでも労働者以外の階層の社会主義論を区別して論じている。特に農民（小規模生産手段所有者）の社会主義論は農民の生産、生活環境の狭さ、共同生産の組織性の粗さ、視野の狭さなどから、工業労働者に全く及ばないこと、そして何よりも彼らは資本家や経営者によって労働搾取されていないことから社会（資本主義経済社会）を根本的に変革する必要性と必然性を現実に経験もしていないこと、従ってその意識もないことなど（せいぜい理想郷・夢として差別のない世の中を空想する）、労働者と農民との社会的存在は全く違いがあることが、世界中で分からなかったのである。

なぜなのであろうか。それはマルクスの科学的社会主義論とその他の社会主義論とを同じ「思想論」レベルの扱いをし評価したことが、判断を誤らせた主な原因である。20世紀の「社会主義」諸国は資本主義経済も未熟であり、労働者も少数である。他方先進国、例えばイギリス、フランス、ドイツなどでは、20世紀半ばには既に成熟した資本主義経済であり、労働者が多数を占めていたが、共産党の悪影響で労働者と農民との社会的存在の区別に気付かなかったのである。

重要な社会現象を科学的に分析研究しなければ、誤った判断をし、それに気づかないでしまう。このことをエンゲルスは、マルクスの科学理論を軽んずれば罪なしにはおかないと語っている。唯物社会・歴史理論を科学理論として把握し、使わなかった者はすべて科学的社会主義の内容を誤ってしまう。過去１５０年間を振り返ると、エンゲルスの警告が見事にそれを証明している。読者の皆さんは労働者と農民との社会的存在や役割の違いについて、しっかりと考えてほしい。

❏労働者と農民とでは経済的、社会的立場が全く違う

農民は土地を持っている。土地があればそれを耕して農作物を作り、それを食べたり、売っ

たりして生きていける。つまり土地は自己の「生産（生活）手段」である。仮にお金がなくともそれで毎日生活できる社会的立場である。自分で持っている土地の大きさ、肥沃さ、便利さに違いがあるだけである。他方労働者はどうか。自分で生きていく「生産（生活）手段」を持っていない。だから他人のところへ行って、雇ってもらい、そこで仕事をさせてもらい（自分の労働力を売って）、首尾よく給料をもらわなければ、食べ物を買って食べ、生きることすらできない存在である。この自分の「生産（生活）手段」を持っているか否かは、社会的立場で決定的に違う。かつては農民も労働者もともに貧乏であったから、同じ境遇者とみなされたのであった。だが社会的立場の本質は全く違うのである。

労働者は自分で生きる手段を持っていないことから、全く社会的に不利な立場の存在である。農民は土地という生産手段の所有の大きさによって、生産物を売る市場で有利不利の違いがあるにすぎない。ところが労働者は、労働力しか持っていないから、経営者によってどこまでも労働強制される。ブラック企業のように、どんなに働いても給料が安く上がらず、経営者から騙され給料も払われないことすらある。ここまで労働条件が悪くなくとも、例えばここ10年を見ただけでも、日本中の労働者はその多くが全体的に労働条件がますます悪くなっている。マルクスは『資本論』の中で「企業の利潤率・逓減の法則」ということも解明している。企業全体の利益率がだんだん低くなる法則のことである。企業同士は過酷な競争を勝とうとして労働強化など労働条件を更に悪化させる。労働者はこのようにして人間として我慢できないところまで搾取されるのである。もっとも中国のように全国の土地が政府の国有地となっているところでは、農民は労働者と似たような立場に置かれることもあるが、社会的生産の質が農耕生産と工場生産とでは全く違うのである。

❏労働者だけが企業内で労働「搾取」される

マルクスが初めて発見し科学的に解明したことがある。「労働搾取」である。給料以上は、いくら余計に働いても経営者はその分を1円も払わないことである。経営者はそれをすべて手に入れる、いわば泥棒である。要するに現在の「ブラック企業」のようなことは、ほぼ300年前から世界中で全ての企業経営者がやってきたものである。だから「搾取」というのである。では労働者が給料としてもらうものは何であろうか。日本では普通給料は月給制（国によって違う）である。

給料とは何であろうか。普通それは一カ月一生懸命働いた分のお金であると思われているが、実はそうではない。給料とは基本的に働く時（あるいは前に）一般社会で知られている平均値段である。これは他の商品（例えばリンゴ、衣類、住宅など）と同じようにして決められている。勿論値段の小さな変動はある。これらの商品の値段は一般的にその商品を生産するのに必要な経費の金額（プラス平均利潤）である。労働者の労働力商品も他の商品と同じように決められている。これをマルクスは名著『資本論』などで解明、論証している。

一般商品の値段はそれを生産するのに必要な金額であるから人間労働者（労働力商品）の給料も他の商品と同じ、つまり一カ月労働力（者）を維持するだけの金額（一般に生活費）に過ぎない。日本の労働者は全体的にこの金額がますます低くされてきたではないか。働く立場がとても不利な「非正規労働者」が増えれば増えるほど、給料が低くなっていく。従って毎月もらう給料とは、あとひと月生きるぎりぎりの生活費に過ぎないのである。

ある期間生きるだけの待遇と聞いたら、皆さんは何をイメージするだろうか。古代社会の「奴隷」と共通した社会的立場である。だからマルクスは今の労働者を「賃金奴隷」と言ったのである。古代の奴隷はいつでもその主人に殺される立場にあったが、今の労働者はどうか。他人〈会社など〉に雇われ、給料をもらえなければ死ぬしかない。古代奴隷と同じく殺されるに等しい。

だから彼は労働者が「賃金奴隷」の立場から自分達の力（組織力）で脱出しなければならない、それが資本家や経営者との闘いであると語っている。そして資本家は経済つまり資本主義経済の支配者層であるから、その闘いとは資本主義経済そのものを根本的に変えることである。故にマルクスは労働者を「資本主義社会の『墓掘り人』」と語っている。賃金奴隷＝労働搾取社会からの自己解放、それが社会主義経済社会であると。

労働者は社会的立場が実に不利だが逆に社会の圧倒的多数者であることから、その多数の組織力で闘いを進め、給料アップなど労働条件の改善を勝ち取ることができる。この団結力、組織力こそ労働者の固有の力・実力である。すでに日本では労働者とその家族は人口の75％以上である。企業や職場だけでなくそれを超えて他企業、他産業、地域、全国にわたって組織的団結を築きあげること、ここにこれから全力で取り組まなければならない。

今若い労働者（勤労者）が、自主的に労働組合を立ち上げ、それなりの成果・第一歩を進めている。これを更に前進させるには、どうしたらよいのか、これが問題である。勿論皆さんの労働組合より規模の大きい労働組合がいくつもあるが、「同盟」のように個々の大企業の正規社員に拘る活動という実に狭くて弱い組合、共産党系の政治路線に縛られたこれも狭い活動の組合、そしてかつての「総評」系の個別企業組合の寄せ集め程度の活動など、どれも企業別という日本特有の弱体組織形態を変えられない労働組合ばかりである。企業別労働組合を超える産業別組織形態のない状態、これが日本の労働組合の弱々しい現状である。どれも労働者の組織力で資本家や経営者と闘おうとしないわずかな改良で良しとする弱い組織である。自分達の実力で賃上げや労働条件を闘い取ろうとしないから、ヨーロッパの労働者よりも劣った職場条件や賃金が続いているのである。

確かにEUの産業別労働組合は個々の労働条件の改良、前進には、日本の企業別組合より圧力、交渉力はあるが、それ以上には前進しようとしないのが現状である。これは労働者を代表する政治、政党の視野の狭さがネックとなっているようである。従ってEU諸国の企業の経済成長力の低下に伴う支払い能力の低下の下に労働運動も低迷してきている。これら先進国労働組合や労働者の闘いはほとんど既得権益の守り程度にマンネリ化しているのである。ＥＵでも政府による社会福祉政策の削減などますます「既得権益」も崩される一方である。労働者の政党らは資本家支配階級との妥協に明け暮れている有様である。

なぜかと言うと、労働者が目標とする次の社会について混乱があり、あるいはその展望を見失っているからである。現在の支配者（資本家、経営者、政治政党など）の力が低下し労働者に生活困難を強めているなら、労働者が支配者に替わって、この社会を合理的に造り変えなければならない。つまり今の資本主義経済から社会主義経済へ労働者の組織的力で変革しなければ、生活困難や搾取地獄から脱出できない。マルクスが『資本論』でも解明していることだが、資本主義経済での基本的矛盾の一つとは、商品生産が多くの分業によって広く社会的生産となり大量生産が進むが、その商品の取得が個人主義的であり、富の集中と偏在が起こり、矛盾が拡大することである。

❏20世紀から労働者と農民とをなぜ、いっしょくたにしたのか

労働者と農民を社会的に一括りに社会的弱者として扱うことは、いつから始まったかははっきりしないが、ロシア革命以降の共産党レーニン政権時に現れたことは事実である。特にレーニンの言動の中にもそれが現れていた。

20世紀、特に１９１７年ロシア革命の前から、先進国の帝国主義支配に対する反抗が後進

（農業）国からはじまり、拡大していった。先進帝国主義（英、仏、米など）、一歩後れた後発帝国主義（独、伊、日本など）との戦いは、被植民地からの独立運動などとして20世紀中続いた。その中で闘いの中核組織が「共産党」を名乗り広がっていった。だが、単に先進国や後発国による帝国主義支配へ反抗する流行語あるいはスローガンとして共産党名が広まったにすぎない。

マルクスは『宣言』の中で労働者と農民との社会的区別、歴史的役割の違いをはっきりと分けている。先進・後発帝国主義の他国支配は主に発展途上国・農業国に対して進んだが、それに対する農民による反抗や独立運動での中核組織が多く共産党を名乗ったのは事実である。ここから共産党らは労働者と農民とをいっしょくたにして、ただ抑圧され苦しんでいる人々として扱い、曖昧にしてきた。ただ共産主義者、社会主義者だと同じ言葉を使えば、同志同類だと思ってしまったのである。日本共産党や社会党なども例外ではない。彼らはマルクスの科学的社会主義をその他の社会主義と同じく一つの「思想」論だと一括りして考えたのである。単に「思想」ならば誰が考え支持しても同じと思ったわけである。社会「科学」での理論はそんな単純なものではない。20世紀になっても思想理論と科学理論との違いが分からなかったのである。これは今でも続いている。

こうして社会主義はどんな社会なのかが、ますます曖昧になり、単なる反政府党の理想論になるだけで、これらの政党が仮に政府を作っても前政権のブルジョア政治を少し改良するだけの第二ブルジョア政治をも社会主義と唱えるにすぎなくなったのである。ヨーロッパや日本ではいわゆる社会民主主義政党が登場し、第二ブルジョア政治ばかりが続くことになったのである。その結果、社会主義社会とは何かが、全く曖昧になってしまったのである。そこへ1991年のソ連崩壊が起こり、それが「社会主義の崩壊」と誤宣伝され、世界中で社会主義への決定的ダメージを与えられてしまったのである。こうして世界中の労働者が社会主義に幻滅し、興味を示さなくなったと言えるまでになってしまったのである。

❏労働者と農民の同類扱いの結果は？　ソ連の例

ロシア革命後の指導者レーニンはソ連建国以後、ソ連国家を経済的には「国家資本主義」と確認しながら政治的には「プロレタリア独裁（国家や政権）」と規定してしまった。実に不思議であり、おかしい。プロレタリアとは労働者のことである。マルクスはそれ以外には決して使っていない。それを農民が圧倒的多数の当時なのに、労働者がソ連全国を束ねているかのように誤って使った。共産党政府のトップはレーニンであり彼は社会主義者ではあるが、それだけでソ連全体が労働者の下にあるとするのは誤りである。彼がなぜ、そんな誤りを犯したのか。それは政治が社会を決定すると考えたからだ。彼は不注意にも常識的にそれを唱えてしまったのである。あるいは、国家資本主義形態の資本主義経済は、社会主義革命へのほんの一歩手前だと軽く考えた形跡もある。彼は結局マルクスの唯物論的思考からブルジョア思考へと逸脱してしまった。

中国などの国は、先進・後発両帝国主義諸国の干渉、抑圧、支配に対して、民族独立の闘いを強いられた。それは勿論正しい闘いである。だがそれは労働者の社会主義への闘いではない。民族独立の闘いは、農業国にとっては封建社会から脱出する近代革命の闘いである。20世紀中国革命で叫ばれた「反帝国主義・反封建」というスローガンはまさにこのことを表している。それは近代民主主義革命のことである。これをレーニンは決して社会主義ではなく、民主共和国樹立（革命的民主独裁）であると、正しく規定した。ところが彼は、それから直ちに社会主義へ接近し、到達すると考えてしまったのである。ソ連は当時全く未熟な資本主義経済なのであり、そこからはより発展する資本主義経済へしか連続しないのである。ここがマルクス唯物史観からの逸脱なのである。次の指導者スターリンは、それが分からず鵜呑みにし、その後の指導者（書記長）全てが、１９９１年ソ連崩壊までそれを踏襲する始末であった。

１９３０年代当初からスターリン時代の国家資本主義経済は連続五カ年計画の続行によって拡大発展し、１９３０年代末には帝国主義列強の一角にまで到達した。レーニンの著書『帝国主義論』では現代資本主義経済は発展すれば、必ず他国を支配する帝国主義国家に到達すると解明されている。だがスターリンはそれを社会主義の発展と強弁したのである。民族主義者の彼は社会主義との違いも分からず混同している。他国共産党はそれを黙認するだけであった。

このようにして既にソ連は１９３０年代末から後発帝国主義国になっていたにもかかわらず、

1991年ソ連崩壊まで政府当局は愚かにも社会主義国と名乗っていたのであり、また世界中でそれを「ソ連型社会主義の崩壊」と受け取ったにすぎない。今に至っても私のほかには「ソ連・後発帝国主義国家の崩壊」と唯物論的に（科学的に）正しく捉えた者は見当たらない。ソ連の崩壊を〝社会主義の崩壊〟と誤って世界中に伝えられたことが、世界の労働者にどれ程失望と打撃を与えたかは計り知れないのである。

だが、ロシア革命当時、ヨーロッパで言われていた国家資本主義は、先進国での発達した資本主義経済の下で労働者階級が政治権力を握った後についての議論なのである。それをレーニンは利用したのだが、革命直後のソ連経済はまだまだ発展の未熟な資本主義経済過程であることを注視しなかったのである。レーニンが農民と労働者とを曖昧に扱い、直ちに社会主義へ向かうと言って、マルクスの唯物史観の無視へと更に誤りを拡大していく。その結果はソ連崩壊までの歴史の現実が全てを語っている。すなわち1921年の国家資本主義経済から1930年代末までの経済の拡大が必然的に帝国主義へ到ったのである。ソ連は後発帝国主義国家となり、東欧諸国を「衛星国」、事実上の植民地として支配抑圧した。独、伊、日の後発帝国主義国家は、軍備を前面にする軍事的帝国主義（ファッシズム）となった。その次に登場したスターリンのソ連帝国主義も、軍国主義を露わにする軍事的帝国主義国家である。ソ連「赤軍」の巨大な軍事パレードがその象徴である。そのまま1991年崩壊まで帝国主義国家が続いたのである。そして今のロシア連邦もソ連から引き継いだ軍事的帝国主義である。今の中国は既に帝国主義化し、ソ連同様に軍事パレードを見せつける軍事的帝国主義国家となった。

これがマルクスの唯物史観（歴史科学論）の正しい結論である。ソ連崩壊とは帝国主義の崩壊であり、いかなる意味でも社会主義の崩壊ではない。ソ連の崩壊は全く社会主義とは関係のないブルジョア帝国主義の歴史事件である。労働者はソ連の崩壊で何ら社会主義に不審不安を抱く必要はない。労働者は自信を持って、労働者社会主義社会の建設に向かって前進すればよいのである。次にマルクスの著書「経済学批判、序言」『マルクス・エンゲルス全集　13巻』を紹介する。

II　マルクスの社会・歴史科学論の要旨（『経済学批判』序言）

❏唯物社会構成（人間社会の基本）論

マルクスは語る。

「私の研究の到達した結果は次のことだった。すなわち法的諸関係ならびに国家諸形態は、それ自体からも、またいわゆる人間精神の一般的発展からも理解されうるものではなく、むしろ物質的な諸生活関係に根ざしているものであって……」——「……人間は、彼らの生活の社会的生産において、一定の、必然的な、彼らの意志から独立した諸関係に、すなわち、彼らの物質的生産諸力の一定の発展段階に対応する生産諸関係にはいる。これらの生産諸関係の総体は、社会の経済的構造を形成する。これが実在的土台であり、その上に一つの法律的および政治的上部構造がそびえ立ち、そしてそれに一定の社会的諸意識形態が対応する。

物質的生活の生産様式が、社会的、政治的および精神的生活過程一般を制約する。人間の意識が彼らの存在を規定するのではなく、彼らの社会的存在が彼らの意識を規定するのである。」

（「経済学批判、序言」『マルクス・エンゲルス全集　13巻』６頁下段17行　大月書店）

［引用①］

これが唯物社会論と言われる有名な部分である。人間の社会はどのような構成になっているのか、社会とは何かと言われても、あまりに当然のことなので今まであまり考えてこられなかった。それを初めてマルクスが事実に基づいて（唯物論的に）解き明かした。人間の社会は動物と同じく身体の外にあるものを食べ飲み吸ったりして、身体に栄養を取らなければ生きていけない。動物は自然にあるものをただ口に運ぶだけであるが、人間は社会的につまり自然や環境などを人間同士で改良しながら互いに作り合って生きている。これをマルクスは「労働を対象化して」と言う。労働し合い互いを作り合いながら社会的に生きている。これを彼は「物質的生活」やその「社会的生産」と言う。普通、「生産」とは物（財貨）の生産として使うが、人間生活の生産と意味を広く使っている。この物質的生活の社会的生産の「生産諸関係の総体」は「経済」であり、社会の「実在的土台」であるとする。この経済の上に法律や政治などが重なり、それに社会的意識も対応する。これらを「上部構造」と呼ぶ。

この上部構造とは、経済にその基礎をおいて初めて存在するのであるが、それらは全て精神作用であるから、経済から出発しながら、それとは違う形の作業や働きではある。従って「究極的には」経済とは切り離すことができない関係にある。これを唯物「弁証法」的関係と言う。唯物つまり物質的生活の上で弁証法的関係、互いに形は違うものであるが、切り離すことのできない関係（矛盾関係）である（たとえば人間の男女関係とか、場所の上下関係など）し、しかも物質的土台（経済）とは離すことができない関係にある、という意味である。これが人間社会の根本的在り方、本質であると、マルクスは説く。

次に重要な点として、人間は「社会的生産において人間の意志から独立した諸関係」に入る、と説く。この「諸関係」というのは、もちろん「生産諸関係」のことである。この総体は経済であり、それが「人間の意志から独立した諸関係」であると説く。生産諸関係は人間の意志を受けてもそれに関係なく独自に進むと、彼は語っているのである。

つまり今までの経済の重要な要素は、人間が（政府が）懸命に管理しようと努力しても、それを自由にコントロールできないと語っているのである。実に重要な指摘である。現在の商品経済で生産するある商品が実際いくらで売れるのか、どのくらい売れるのか、いつならよく売れるのか、売れないのか、景気はいつ良くなるのか、悪くなるのか、どのように変化するのか、いつどのようにして過剰生産になるのか、どうして恐慌が起こるのかなどなど、今の資本主義経済の重要側面はどれも、あらかじめコントロール出来ない。結果が出てからしか分からない。今の資本主義経済（世界中が資本主義経済である）とは、このようなものである。まさにマルクスの指摘する通りである。これに反論できる者はおるまい。だから彼の理論は、現実の事実の法則を掴んでいる科学理論であって、単なる思想論（想像論）ではないのである。

ついでに言えば、中国では今でも共産党が自国を社会主義だと言っている。だがそれは明らかな間違いである。依然として資本主義経済である。中国は実際に社会主義であったことは一日もない。中国共産党政府が勝手にそう言っているに過ぎない。中国経済はいままでずっと「国家資本主義経済」でしかない。国営の企業が比較的多いだけの資本主義経済である。その証拠に全国で毎日やっているのは商品生産、流通だけである。民営企業はもちろん、国営企業でも資本が国家資本であるだけで、毎日の生産活動は商品生産しかやっていない。だからEU、日本、アメリカと基本的に同じ資本主義経営をしているだけである。中国共産党の「社会主義的市場経済」という言葉自体が間違いである。社会主義経済と市場経済とは全く相容れない経済体制だからだ。市場経済とは資本主義経済のことだ。中国共産党は経済を科学的に分析することができない。資本主義経済とは、どのような仕組みの体制であるかも分からない。また当然にも社会主義経済とは、どのような仕組みの体制であるかも分からない。この二つの体制は正反対の性格なのである。EUも日本も30～20年前に国営企業をやめた。非効率企業だからである。中国でも国営企業の非効率、官僚主義の弊害がますます無視できなくなってきている。

レーニンは「管制高地」と呼んで国営企業を社会主義へ直結する最重要企業と規定した。しかし実態は資本主義経営で、発展の極めて未熟な資本主義企業でしかなかった。先の引用文にあるように、未熟な資本主義経済はより発展した経済へしか進まないのである。そしてそれが十分に発達した資本主義経済にならなければ、次の社会主義経済へ変革できる条件が出てこないのである。これがレーニンには分からなかったのである。未熟な経済を強力な共産党政治権力で社会主義経済へ作り変えることができると、逸脱したのだ。この誤りは、政治偏重という唯物社会構成論無視の逸脱である。政治権力で経済の根本体制を変えることができると考えたのである。先進国での学問ではごく普通の考え方ではある。

そして最後に「人間の意識が彼らの存在を規定するのではなく、彼らの社会的存在が彼らの意識を規定するのである。」と語る。ヨーロッパやアメリカなどでは、自分の意識や感情は、全く自由であり、誰にも束縛されてはいないのだという考えが圧倒的である。でもこれは自由を美化しすぎている考えであろう。私は欧米での自由は中途半端なものであると思う。なぜだろうか。先の引用文をよく見てほしい。

人間の社会的存在とは何か。今我々は資本主義経済を社会の土台として毎日生活している。資本主義経済とは何か。商品生産と流通の社会である。商品を売ってお金を儲ける社会である。経済用語で言えば利潤追求の経済社会である。商品所有者とは商品を生産する人や持っている人のことである。他の人たちは消費者である。商品を買わなければ生きられない人たちである。これは圧倒的多数である。商品所有者は商品を売れば儲かるが、消費者（ほとんどが労働者とその家族である）はそうではない。労働者は自己の生産手段がないから、他人・他企業に雇用されなければ、生きることができない存在である。いつも商品とお金に縛られている存在である。この圧倒的多数者には、自由はない。多くの働く労働者には自由はなく、ごく少数者だけが自由を持っている社会、これが資本主義経済社会の現実である。これを否定できる者はいまい。だから少数の人だけが自由を持ち、圧倒的多数の働く人たちにはほとんど自由がない。だから中途半端で利己的な自由社会であると、言わざるを得ない。従って社会生活をするという最も重要な社会関係で不自由を強制する社会、これが資本主義経済社会である。マルクスの唯物社会論、唯物史観こそが、現代・現在の社会の本質を正しく見抜いている。

❏唯物史観（経済の基本的矛盾は生産力と生産関係）

マルクスは語る。

「社会の物質的生産諸力は、その発展のある段階で、それらがそれまでその内部で運動してきた既存の生産諸力と、あるいはそれの法律的表現にすぎないものである所有諸関係と矛盾するようになる。これらの諸関係は、生産諸力の発展諸形態からその桎梏に一変する。そのときに社会革命の時期が始まる。経済的基礎の変化とともに、巨大な上部構造全体が、あるいは徐々に、あるいは急激にくつがえる。

このような諸変革の考察にあたっては、経済的生産諸条件における物質的な、自然科学的に正確に確認できる変革と、それで人間がこの衝突を意識するようになり、これとたたかって決着をつけるところの法律的な、政治的な、宗教的な、芸術的または哲学的な諸形態、簡単に言えばイデオロギー諸形態とをつねに区別しなければならない。ある個人がなんであるかをその個人が自分自身をなんと考えているかによって判断しないのと同様に、このような変革の時期をその時期の意識から判断することはできないのであって、むしろこの意識を物質的生活の諸矛盾から、社会的生産諸力と生産諸関係とのあいだに現存する衝突から説明しなければならない。」

（同前　7頁上段13行［引用②］

ここでの課題は、社会特に経済過程での成長と変化を論じる。それが〃矛盾〃である。矛盾というものは一般社会では良くないことと言われ使われているが、社会科学ではそうではなく、森羅万象あらゆる面に存在する変化、発展の原因のことである。なかでも経済での矛盾は重要である。その矛盾とは生産力と生産関係との矛盾である。今までこの二つの側面は調和的に対応してきて、積極的に役割を果たして生産力もどんどん発展してきた。だが生産力に対して生産関係は同じような変化、発展はせず、むしろ徐々に固定化してくる。それはなぜか。生産関係の中心は所有関係である。つまり生産物を誰が主に取得するかの問題である。もちろん社会の支配者層である（現在では資本家や経営者と彼らを支持する政治家達）。支配者層は権力と富とを手に入れ支配者としての社会的地位を保守することに拘るから、その所有制度を変えようとはしない。他方被支配階級はそれに不満を抱き始め、それを募らせていくことによって、社会変革意識を強めていく。そして社会の分裂状態がはっきりと現れてくる。支配者と被支配者との和解できない対立となる。

❏社会革命期論（経済の基本矛盾の拡大）

マルクスは、前記［引用②］の文中にあるように経済的矛盾の顕在化が現実となった時、経済と上部構造との矛盾関係をしっかりと区別している。経済的矛盾とは、生産力と生産関係との連関が以前のように調和的でなくなり、両者にずれが起こることである。生産力はどんどん進むが、生産関係はそのようには変化しない。生産関係は主に所有関係である。今までの生産力と生産関係で豊かになり、経済的地位を確保してきた人々は現状維持の意識を強め、逆に豊かさを得られず低めていく人々は、不満を抱き始め強めていく。こうして経済的矛盾がますます拡大する。これを反映した人間の意識が対立しぶつかりあうようになる。人間社会のまとまりが薄れ、社会が大きく分裂し始める。こうして社会の変革期に突入していく。

上部構造とは社会的意識形態である。そこで社会的変革期では「法律的な、政治的な、宗教的な、芸術的または哲学的な諸形態、簡単に言えばイデオロギー諸形態から変革を判断してはならない」とマルクスは語る。「むしろこの意識を物質的生活の諸矛盾から、社会的生産諸力と生産諸関係とのあいだに現存する衝突から説明しなければならない。」と語っている。人間の意識は自由勝手に起こるのではなく、経済的矛盾が原因となって起こる。

経済的矛盾の顕在や拡大期を、そこに住む人間の頭脳が正しく捉えるとは限らないのである。まして社会が対立している時期である。社会的分裂期であっても、そこに住む人々は保守と革新とにすぐに分かれるわけではない。どちらにも組し得ない人々の方がむしろ多いであろう。革新側といっても、理屈はまだ粗く、行動も荒いからである。ロシア革命時期、レーニンは当時革命家の中で最もマルクスを学んでいた人物であった。その彼が革命意識の高揚の中でロシア経済社会の歴史段階をしっかりと見据えていたからこそ、スターリンやトロツキーなど国内指導者達の欠点をマルクス的に見抜くことができたのである。更に社会情勢がどんどん変化していく。これに人間の意識が対応することも実に難しいのである。この難しさがレーニンの最晩年に、死直前に現れたのである。1921年春、彼はロシア経済を「国家資本主義」と共産党大会で正しく認定した。だが、このあとから判断の誤りが始まったのである。この国家資本主義経済を共産党政治権力をもって管理運営していけば、社会主義経済へ到達するとレーニンは考えた。これがマルクス唯物史観からの逸脱の始まりなのである。

❏革命の必要条件（経済的変革と政治革命）

マルクスは語る。

「一つの社会構成は、それが生産諸力にとって十分の余地を持ち、この生産諸力がすべて発展しきるまでは、けっして没落するものではなく、新しい、さらに高度の生産諸関係は、その物質的存在条件が古い社会自体の胎内で孵化されてしまうまでは、けっして古いものに取って代わることはない。それだから、人間はつねに、自分が解決しうる課題だけを自分に提起する。なぜならば、もっと詳しく考察してみると、課題そのものは、その解決の物質的諸条件が既に存在しているか、または少なくとも生まれつつある場合にだけ発生することが、つねに見られるであろうからだ。」

（同前　7頁下段2行）〔引用③〕

ここでは、革命とはその意志さえあれば、いつでも実現可能なわけではなく、旧社会において十分な準備過程が必要であると語る。なぜなら革命は単に旧社会を破壊することではなく、新たなより高度の社会を建設することでもあるからである。その建設も勝手に行うのではなく、すでにある歴史的現実と条件によって造るしかないからである。労働者による社会主義革命とは、政治権力をブルジョアジーから奪い取るまでが特に困難であろう。人間社会の歴史時代は約6千年前からであるが、人類社会は古代社会で最初の分裂社会となった。少数の支配者と多数の被支配者との対立社会となり、支配階級は富と権力とを独占して支配を貫徹してきた。

この6千年間その支配のための政治的権謀術数は、ありとあらゆる手段を使いまくり実行してきた。その最後の支配階級である今の資本家階級は、そのあらゆる手段をもって、われわれ闘う労働者に立ちはだかるであろう。政治権力、中でも軍や警察などの「暴力装置」を持たぬ労働者階級は、唯一その組織力でのみ彼らと闘うのである。資本家階級の政治支配による弾圧、抑圧、裏切り、騙し、懐柔の全てを乗り越えなければ、政治権力に到達できないであろう。それに到達すれば、組織力で最強の力を身に付けた証明である。その力で全ての企業、地域社会全体を管理運営することができるであろう。それが社会主義社会である。

マルクスは「人間は、彼らの生活の社会的生産において、一定の、必然的な、彼らの意志から独立した諸関係に、すなわち、彼らの物質的生産諸力の一定の発展段階に対応する生産諸関係に入る。」と語る。「彼らの意志から独立した諸関係に」とある。これが重要である。これは人間が自由にコントロール出来ない、何を？　経済をコントロール出来ない、と言う。人類は原始時代から現在まで、自然発生的に経済活動を続けてきたが、現在の資本主義経済までは依然としてコントロール出来ないと語る。今現在の経済の重要局面はあらかじめコントロール出来ない。今の商品経済ではある商品が売れるかどうか、いくらで売れるか、どのくらい売れるか、売れないか、景気変動、好不況、さらには経済恐慌もいつ起こるか、分からない。まさにマルクスの言う通りである。懸命に研究してもそれが分からないのである。いつになったらコントロールできるのか。それは現在の巨大な社会的生産力に対応した社会主義的生産関係を構築すれば可能であろう。マルクスはここまで解明している。

❏人類社会の歴史発展の大分類

「大づかみに言って、アジア的、古代的、封建的および近代ブルジョア的生産様式が経済的社会構成の相次ぐ諸時期として表示されうる。ブルジョア的生産諸関係は、社会的生産過程の最後の敵対的形態である。敵対的というのは、個人的敵対という意味ではなく、諸個人の社会的生活諸条件から生じてくる敵対という意味である。しかしブルジョア社会の胎内で発展しつつある生産諸力は、同時にこの敵対の解決のための物質的諸条件をもつくりだす。したがってこの社会構成でもって人間社会の前史は終わる。」

（同前　7頁下段10行）〔引用④〕

マルクスは今の資本主義社会まで、原始社会以降の発展社会を大きく四つに区分し、その最後の社会と語る。ここで皆さんが今まで聞き覚えのない時代名がある。それは「アジア的」生産様式であろう。これはマルクスの新しい発見の言葉である。彼は著書『資本主義的生産に先行する諸形態』などでそれを述べている。古代社会はピラミッドのエジプトに代表される社会であるが、古代社会ほど支配者・被支配者の分裂がはっきりとはせず、支配者層の権力は明確ではあるが、社会の下部へ行くほど、原始社会の共同体は存続している。そのような形態の社会である。これが古代社会の前にアジア社会では強くあり、研究が進むに従ってアジアに限らず広く存在したことが明らかになった。そこで彼は原始共産制社会から発展した最初の分裂社会と位置付けた。原始社会の共同体を社会の下層部分では色濃く残しながら、明らかに支配者層（王権）が形成されていることから、アジア的生産様式と規定された。これは原始社会での「共産制」とは明らかに違う、原始共産制社会から発展した、社会の上下の階級分裂を起こした初社会と規定したのである。

「ブルジョア社会の胎内で発展しつつある生産諸力は、同時にこの敵対の解決のための物質的諸条件をもつくりだす。したがってこの社会構成でもって人間社会の前史は終わる。」この引用文も非常に重要である。今の資本主義経済の中で「発展しつつある生産諸力は、同時にこの敵対の解決のための物質的諸条件をもつくり出す」と語る。

現在の高度資本主義経済の下で発展しつつある生産（力）はどのようなものであるか？　個人個人の生産ではなく大勢の人の協同労働でしかも、多種多様な仕事の分業で、かつ様々な地域で更には国際的にも拡大した社会的生産を毎日実行している。現在の巨大で広範な「社会的生産」状態は資本主義の「敵対的生産」の敵対を消滅させる「条件をもつくりだす」と語る。資本主義経済での敵対とは何か？　資本家と労働者の敵対である。物資の個人主義的所有制度では、社会で〝無政府主義的〟に個々バラバラに生産する。生産物は「商品」となって社会（世界）全体に出回る。そして労働力（労働者）も商品扱いされる。

この労働力商品は、企業でどのような扱いをさせられているか。「搾取労働」これである。マルクスの『資本論』での解明で、労働者が受けるのは給料は一カ月分の生活費のみで、労働はその給料以上の何倍もの働きを実際やっているのに、それは全て資本や経営者の手に入るのである。マルクスは、これを解明した（剰余価値生産論）。資本家によって労働者をどこまでも労働搾取するという労働者に敵対する経済体制、これが資本主義経済制度である。唯物論的に言えば、資本家や経営者とは、もともと悪人だったわけではなく、資本主義企業の代表であることから、資本金の飽くことない追求者、金儲け主義者にならざるを得ない人間に変身するのである。

この搾取制度を廃止するには、どうすれば良いのか。社会的生産を広げる一方で労働搾取を強制するこの経済制度を廃止するほかないのである。そして社会的な生産を実行するには、個人主義的所有制度を労働者の管理に置き替え、社会的所有制度に換えることが第一条件である。そのためには圧倒的多数の労働者がその組織力で、まず政治権力を取ることである。そして直ちに資本主義経済を廃止することである。政治権力は、現在の社会制度を実力（軍隊や警察など）で維持する公的組織である。だからこれらを廃止し、労働者の政治権力に換えることである。社会の全企業、地域、全世界を労働者の組織力で管理運営することが絶対条件である。こうして社会における差別などの敵対関係の経済的根拠や根源（搾取）を無くすのである。それが無くなれば、敵対社会を前提にした支配と被支配を表す「政治」が不必要となり、「死滅」するのである。これがマルクスの科学的社会主義なのである。

❏エンゲルスの科学的社会主義の要点

エンゲルスは語る。

「従来の社会主義はこういう唯物論的な見方とはあいいれなかった。従来の社会主義は、なるほど現存の資本主義的生産様式とその帰結とを批判しはしたけれども、それを説明することはできなかったし、したがってまたそれに決着をつけることもできなかった。それをただ簡単に悪いものとして拒否することができただけだった。従来の社会主義は、資本主義的生産様式と切り離せない労働者階級の搾取を激しく非難すればするほど、ますます、この搾取の本質がなんであるか、どうしてそれが発生するのかを明らかにすることはできなくなった。だが問題は、一方では、資本主義的生産様式をその歴史的連関のなかで、また一定の歴史的時期にとってのその必然性を明らかにし、したがってまたその没落の必然性を示すことだったのであり、他方では、相変わらずおおいかくされたままだったこの生産様式の内的性格を暴露することだったのである。この仕事は剰余価値を明らかにすることによってなされた。不払労働の取得が資本主義的生産様式とそれによっておこなわれる労働者の搾取との基本形態であるということ、資本家は、彼の労働者の労働力を、それが商品として商品市場でもっている価値どおりに買う場合にさえも、自分がそれに支払ったよりも多くの価値をこの労働力から取り出すのだということ、そして、けっきょくこの剰余価値によって形成される価値額から、有産階級の手のなかでたえず増大する資本量が積み上げられるのだということ――これらのことが証明された。こうして、資本主義的生産と資本の生産との成り行きが説明されたのである。

　これら二つの偉大な発見、すなわち唯物史観と、剰余価値による資本主義的生産の秘密の暴露とは、マルクスのおかげでわれわれに与えられたものである。これらの発見によって社会主義は科学になった。いまなによりもまず問題なのは、この科学をそのあらゆる細目と連関とについてさらに仕上げてゆくことである。」

（エンゲルス著『空想から科学へ』86～87頁　国民文庫　大月書店）


　エンゲルスの見事なまとめ方である。だが唯物史観と剰余価値生産論については、20世紀中、単語は知られたが、その意味内容は定着しなかったと言わざるを得ない。これも20世紀ロシア革命以後、特にスターリン時代から無視・歪曲が行われ、混乱が拡大したまま現在まで続いてきているのである。このことを知っていることも必ず将来役に立つと思う。エンゲルスが述べているように、マルクス以外の社会主義論者は資本主義を批判してはいるが、「彼らは、それを説明できず」と語る。

　ここではどんな説明でもいいというのではなく、なぜそうなるのかを、合理的にすなわち「科学的に」説明できないという意味である。例えば封建農耕経済からなぜ資本主義経済が

「必然的に」続いて起こるのか。マルクス以外は歴史的事実に沿って説明できる論者はいないと語っているのである。従って資本主義経済の「没落の必然性を示す」こともできなかったと述べている。マルクス以外の論者たちはただ資本主義は悪いのだと非難するだけで、なぜそうなったのかを合理的に説明できなかった。

封建時代の農耕経済が発展し、各地域での余剰農産物は村を越え、地方、海洋、国を越え大陸へ流れこみ、国際的商品流通や貿易を興し、それを担う大商人が登場する。16世紀からいわゆる「大航海時代」へ突入する。更に商品生産も個人的小規模生産から工場での大量生産へ進む。遂に工場制工業生産つまり資本主義生産経済へ突き進んだのである。この過程は世界中で例外なく現れ、必然的歴史変化となった。

資本主義経済の科学的解明はマルクスの他誰もやっていないのである。そのよい例が毛沢東である。彼はただ資本主義は悪だと考えるだけで、当時の中国での封建農耕経済から資本主義への必然的発展が分からなかったのである。歴史科学認識ができない彼は農民による社会主義政策を行ったが、当然にもすべて失敗したのである。ここからも科学的認識がいかに大切かが分かる。

この引用文の7行目で「一方では、資本主義的生産様式をその歴史的連関のなかで、また一定の歴史的時期にとってのその必然性を明らかにし、したがってまたその没落の必然性を示すことだった」とし、マルクスの「二大発見」によってそれが「科学」的に発見されたと書かれている。
ところがこの「没落の必然性」の意味をスターリン時代や西欧で形式的にあるいは自然科学的に誤解されたのである。まるで人間の手＝意志が作用せずに自動的に資本主義経済制度が崩壊するかのように極端に誤解された。20世紀中ヨーロッパのマルクス主義哲学者のほとんどは、マルクスの唯物史観には「主体的意志論」が欠落していると難じ、意志論に拘る学者が多く出てきた。今現在アメリカで若者に圧倒的人気を博しているD・ハーヴェイの著『資本主義の終焉』でも同じである。ではマルクス、エンゲルスの文献を紹介しよう。

「人間は、各人が意識的に意欲された自分自身の目的を追うことによって、結果はどうなろうともその歴史をつくる。そして、さまざまな方向にはたらいているこうした多数の意志と外界に加えられるこうした意志の多様な作用との合成力が、まさに歴史なのである。」――「古い唯物論は、歴史上ではたらいている観念的な推進力を究極的な原因と見て満足し、その背後にいったいなにがあるのか、この推進力の推進力はなんであるのか、それを研究しないからである。」

（エンゲルス著『フォイエルバッハ論』60頁　大月書店）

マルクス、エンゲルスは、当然に人間を行動させるものは全て、人間の頭脳を経なければならないことから、行動の観念的原動力を認める。個人の意志も国家意志（観念的に対象化された意志）にも原動力としての積極的役割を認める。だがこれらの背後に、さらに究極の原因を、原動力の原動力を認めるのである。これは現実的な生活なのである。従ってマルクスの科学的理論には、人間の主体的意志がないはずがない。

他方主体的意志がないと論難する哲学者たちは、反対に主体的意志には、その背後に更に原動力となるものがあることを忘れている。現実の生活こそその原動力である。これが唯物弁証法的思考であり、科学的思考である。弁証法とは、森羅万象つまり宇宙物質界（自然）にも人間社会にも、さらに人間の精神過程にもすべて変化と発展があり、それらに共通の矛盾がそれを動かす原因であると喝破している。マルクスとエンゲルスは、このようにあらゆる現象の中にある本質を発見した科学者である。欧米哲学者らこそ科学的認識を忘れているのである。

❏唯物社会構成論の歪曲例

20世紀の代表的知識人、学者、革命家たちは誰も［引用①］の唯物社会構成論を人間社会の研究や分析で一貫して使ってはいない。彼らは人間の意識（特に社会意識）が経済的土台に制約されることが分からないか、それを受け入れられない。前の方で欧米人が大好きな「自由」論について述べてあるが、例えば２０１５年にフランスのパリでテロリスト・ＩＳに自爆攻撃を受けた時、フランス大統領が「フランスは自由の国だ。自由への攻撃は許せない」と演説した。多くの国民は共鳴した（また先進国のリーダー達も、特に日本の安倍首相も）が、これは大袈裟な表現である。その「自由」は中途半端な利己的自由論でしかない。彼らはそれに気付かない視野の狭さである。〝自由〟なフランスは20世紀にアラブなどを支配抑圧していたではないか！　それを反省もしないで、アラブの人たちに向かって「フランスは自由の国だ」と叫んでも、彼らは聞く耳を持たないだろう。フランスを「自由の国」と言っても、唯物社会構成論で評価すれば、フランス社会そのものが資本主義（帝国主義）国であるという厳然たる事実があり、その土台の上で語るのであるから、国内での労働者搾取（不自由）の強制という利己主義経済に規定された中途半端な自由意識でしかない。まさにマルクスの語る通りであろう。

なぜこのようなことがよく起こるのか。その原因はマルクスとエンゲルスの理論を個人的な「思想論」であると思い込むことである。受け取る側が個人的「思想論」として受け取るならば、受け取り手の好き勝手に判断すれば良いわけだから、心に残らない部分を無視しても構わないわけである。このようにしてマルクスの理論の重要な部分が恣意的に無視されることになったのである。マルクスの理論文をマルクス主義「思想論」としてしか捉えなかった者全てが、共通の誤りを犯したことになる。

経済的土台と上部構造との関連はどのように扱われてきたか。それを弁証法的に矛盾関係として把握できた者はほとんどいなかった。あるいは常識的にブルジョア的に、関連を無視して論じるばかりであった。例えばスターリン時代に社会主義社会では、むしろ階級闘争が激化するということもよく言われた。だがこれはソ連社会が実際には社会主義ではなく、国家資本主義経済であるにもかかわらず、それが分からずソ連内での対立激化を資本主義社会での労使などの闘いと認識できず、社会主義内での対立激化と誤ったのである。

先にも挙げたようにソ連が資本主義経済の拡大ならば、その結果当然に帝国主義国家（軍国主義国家）になるはずなのに、それを「社会主義の拡大」と誤って宣伝したことなど。こうしてスターリン時代以降のソ連は絶えず「社会主義」の内容に混乱を与え続けてきたのである。これと同じことを今の中国共産党が続けているのである。今現在の中国が帝国主義国家であるのに、それを社会主義と偽ることもそっくりである。まさに共産党が社会主義概念の大混乱を進めてきた張本人である。世界中が１９９１年「ソ連崩壊」を「社会主義の崩壊」とする全く誤った判断をしてしまったのである。

❏社会理論の「思想」扱いと「科学」扱いとでは全く異なる

科学的判断とか研究と言えば、世界中で自然科学としてしか語られていない。自然とは何か。もちろん物質のことである。そこには様々な分野がある。医学とか物理学とかである。そこではどんな作業が行われているのか。大きく分けて基礎科学と応用科学、実践科学と理論科学、この大分野がそれぞれ影響し合い、競い合って発展してきた。だが科学分野はこれだけではなく、他には社会科学、歴史科学もある。しかしこの用語はあるが、ほとんどは科学の名に値しない作業といえる。社会学や歴史学では主に社会的事件や重要人物の記述で終わっている。この方法ではほとんど暗記ものとなっている程度である。今、先進国や新興工業国での社会問題の取り扱い方は、いわゆる「社会学的方法」と言われているものである。

社会学的方法とは、分かりやすい事実をたくさん集め、その中で共通したものを選び出し、まとめる作業である。アンケートなどの社会調査で使う方法である。これは確かに事実に即して考えてはいるのだが、目の前の事実を見つめるだけである。この方法は、比較的簡単な社会問題を扱うのに便利ではあるが、それ以上ではない。より難しい問題に対しては通用できない。より深く原因や根拠を探すにはより広い範囲から事実を集める必要があるし、他国の例や経験も必要であろう。しかしそれ以上に社会の根本的な原因、法則を探るには更に困難な作業が必要となる。膨大な資料、先人の論策、資料の中から根本原因を探るには、いわゆる「抽象作業」が求められるのである。人間社会とはどのように成り立っているのか、まずこれである。その上で人間社会は様々な分野があるが、それらはどのようなつながりがあるのか、時間と共にそれらはある変化をするが、それはなぜか、どのように変わるのかなど、実に多面的である。マルクスはこのようにして人類社会を、その変化や歴史をも根本的に掴もうとした最初の人物であった。

科学的方法とは、現実の事実の中にどこまでも入っていく作業（客観的認識）である。客観的事実でもって原因や法則の正しさを確かめる作業である。もしマルクスの理論が科学論でなく、思想論であれば、何も事実でその正しさを確かめる必要はない。これは自然科学でも同じである。他方で社会問題、歴史問題の理論を「思想、哲学」的に扱うと、扱う人の好き嫌い趣味、関心の度合いで自由に選択したり分別したりしてしまう。それで良いのである。理論を一々事実で確かめる必要はない。今までは、このやり方だけでマルクス紹介や解説を続けてきた研究者がほとんどであった。これがマルクスの著書の「文理解釈」と言われるものであり、その結果は、自分勝手な偏った理解、紹介の仕方ばかりになってしまった。

マルクス理論を扱った人達のほとんどは、思想論として対応してきた。誰も科学論として紹介もしなかった。科学という単語をつけた人はいるにはいたが、思想と科学の違いも分からず、科学的思想とか哲学的科学など文字を並べたにすぎない。彼らは皆、自分の気に入ったところや気に入らないところを勝手に指摘して詳しく解析しただけである。これはマルクスの最も嫌った「解説」者である。

Ⅲ　1917年ロシア革命は社会主義革命では全くない。「国家」資本主義経済への変革と人民民主革命である

❏科学的唯物論をブルジョア論に偽造するスターリン

最初の論争点は、何といっても1917年ロシア革命についての評価の違いである。マルクスの唯物論的評価か、それともブルジョア社会学的評価か、である。例えば、日本の学校教科書や参考書のどれを見ても、ロシア革命は社会主義革命と記載されている。これは世界中で常識論として扱われている。

だが、マルクスの唯物社会論、唯物史観でそれを検討すると、明らかに誤りであることが分かる。またソ連自体も社会主義では全くなく資本主義経済を一歩も超えてはいないのである。国営企業が重要部分を占める国家資本主義経済である。レーニンは革命直後、スターリンやトロツキーらがロシア革命を社会主義革命（国家）と唱えたのに対して、それは誤りだと厳しく批判した。なぜなら当時のロシア・ソ連経済は、封建時代末期から未熟な資本主義経済に入ったばかりであったからである。ここからの政治的変革（革命）は社会主義以前のものすなわち基本的に民主革命である。これをレーニンは「革命的民主独裁」とか「民主共和国」と語って

いる。レーニンの方が唯物論判断で正しい。スターリンとトロツキーはそれが出来ず、常識的判断すなわちブルジョア社会学的判断でしかなく、誤りである。ロシア革命は主に政治事件である。革命期もそうでない普通の時も、その社会の性格を決めるのは、経済であって政治ではないのである。

レーニンは、その後唯物論的思考から外れていくのである。すなわち国家資本主義のソ連を確認したが、そこから直ちに社会主義へ向かう「過渡期」に入ると語った。これが唯物論からの逸脱の始まりである。マルクスの唯物史観では資本主義経済は、十分に発達してからでないと、社会主義経済への現実的物質的条件「可能性」が現れないと語る。当時のソ連は全く未熟な資本主義経済であり、そこからはより発展する資本主義経済へしか連続しないのである。すなわち社会変革への客観的歴史的条件はなかった。勿論変革の主体的条件も未熟であった。

スターリンはそれが分からず、その後の指導者は全て1991年ソ連崩壊までそれを踏襲した。スターリン時代では国家資本主義経済は連続五カ年計画の続行によって拡大発展し、1930年代末には帝国主義列強の一角にまで到達した。だが彼はそれを社会主義の発展と強弁したのである。

❏スターリン期後半以降ソ連は軍事的帝国主義国家

ロシア革命時から、ソ連共産党権力の全てが自国の実像である国家資本主義経済とブルジョア独裁国家を正しく認識できず、社会主義国家と偽り続けた。更に１９３０年代末からは、国家資本主義経済の発展形態＝軍事的帝国主義国家であり続けたことも認識せず、最後まで〝社会主義国家〟と僭称し続けたのである。そのため世界中に社会主義論や社会像の大混乱を撒き散らしたのである。これはまさに犯罪的仕業と言うほかあるまい。１９９１年ソ連共産党は権力から退き、ソ連邦の崩壊を機にソ連時代の幾つかの国々が独立した。ロシアなどは依然として国営企業の多い帝国主義国家として、新たに「ロシア連邦」として再登場してきた。

現在、ロシア連邦は、先進諸国の次に発展しつつあるＢＲＩＣｓ（新興工業国）の一角として、中国と共に既に帝国主義国家である。21世紀に入り旧帝国主義諸国（先進国）と新帝国主義諸国（中国、ロシア連邦、インドなど）との拮抗の時代が始まったのである。

Ⅳ　マルクス『共産党宣言』の要点

「共産党」の名を初めて世界に広めたこの本（１８４８年）には何が書いてあるのか、その要点を『共産党宣言』の目次に沿って紹介しよう。

「目次

一　ブルジョアとプロレタリア
二　プロレタリアと共産主義者
三　社会主義的及び共産主義的文献
　１．反動的社会主義（a封建的社会主義　b小ブルジョア社会主義
　　cドイツ社会主義または真正社会主義）
　２．保守的社会主義またはブルジョア社会主義
　３．批判的＝空想的社会主義および共産主義
四　種々の反政府党にたいする共産主義者の立場」

これを見て、読者はどう思われるであろうか。何か変だと思いませんか。実はここには農民という言葉が入っていない。労働者と資本家そして共産主義者などである。どうして農民が入っていないのか。マルクスはこの点をはっきりと意識して書き論じているのである。この『宣言』は1848年に発表された。その頃では資本主義経済と呼ばれたのは英国、フランス、アメリカ（先進国諸国）ぐらいである。その他の全世界でほとんどの国や地域は封建時代か、せいぜいその末期であった。そこではまだ資本主義社会以前の社会であり、働く者といえば農民であり、他にわずかな商人である。だからこの『宣言』には資本家と労働者しか書いてないのである。さらにマルクスの科学的社会主義は農民が創りだすものではない。労働者のみが創りだすものであることをマルクスは確信していた。

目次「一　ブルジョアとプロレタリア」では、ブルジョアすなわち資本家の説明から始まる。なぜかと言うと、ブルジョア階級の登場は歴史的必然の過程であることを説明する必要があるからである。彼らが何か突然歴史に登場してきたのではないことを語るためである。封建時代の農民による農耕労働の結果、耕作地の生活物資以上の生産によって、余剰農産物が増え、村・地域を越え地方・国をも越え、国際貿易となり、世界史の「大航海時代」へ突入していく。こうして大商人の登場となり、初期の商業資本家が生まれる。小規模の家内工業が始まり、次には大規模工場での生産へと突入し、先進国では国中が商品経済に覆われ、ついに資本主義経済へ発展する。そこで初めて労働者（生産手段なしの働く者）が登場する。大勢の労働者を雇い働かせる資本家や経営者による工場生産が経済活動の中心となる。ブルジョア（資本家や企業経営者）の歴史的な登場を彼は単に金儲けだけの悪者扱いはしていない。彼は単に善か悪かの道徳的な単純な判断はしない。資本主義経済と資本家の登場を彼は歴史の事実に即して確認し、新たな経済と支配者（資本家）を「革命的」であるとしっかり認めている。だが同時にブルジョアはあらゆることを金銭感覚で選り分けてしまうことも事実であると。このことは実に重要である。典型例を挙げれば、中国の毛沢東は資本主義経済をただ毛嫌いするだけで「悪」と決めつけ、中国の歴史過程では資本主義経済は避けて通ることのできない必然性があることが分からなかったのである。とうとう１９６６年からの「文化大革命」、実は時代錯誤な資本主義への反抗事件で自滅するほかなかった。毛沢東主義はアジア、南アメリカの発展途上国に大きな影響を与え、例えば毛沢東主義を真似たカンボジアのポルポト政権〈１９７６～１９７９年〉は農民以外は皆殺しにする残酷な反動政治を実行してしまった。

次に目次「三　社会主義的及び共産主義的文献　1．反動的社会主義　b小ブルジョア社会主義」に注目してほしい。小ブルジョアとは誰のことか。ブルジョア＝資本家とは企業・会社経営者・社長や大金持ち層のことである。小ブルジョアとは小規模企業家などである。経済学的に言えば生産手段の小所有者達のことである。この中には具体的にどんな人達が入るのか、中小企業者や農民が入る。土地とか農地などの少所有者である。封建時代末期から近代にかけて多くの農民は所得の少ない〝貧乏人〟が多かった。発展途上国では特にそうであった。20世紀共産党は、それに同情するあまり、中小企業者や農民と労働者の社会的立場の違いを忘れ、〝大企業や大金持ちに苛められる者〟として一括りにし、扱ったのである。

19世紀後半以降先進国が帝国主義国となり、発展途上国への支配、略奪、植民地化へと拡大していった。そのような歴史状況の下で〝抑圧された人民〟として扱われたのである。つまり常識的同情論が先行、科学的判断がなされなかった。20世紀共産党が中心となり、このような非科学的判断が世界中に広められたのである。

未発達な資本主義経済であり、労働者がほとんどいない国、わずかしかいない国で、社会主義あるいは共産党を名乗るなどの曖昧な社会意識の下で〝革命〟騒ぎをやったのが共産党であった。

『共産党宣言』では、資本主義社会の歴史的必然性と共に、その没落の必然性も語っている。歴史法則の基本を確認しているからである。没落の必然性については、マルクス以外に誰も語っていない。人類歴史の生成、発展の基本法則が分かれば、反対に生成、発展の逆も法則的に分かる。原始社会（社会差別なし社会）からなぜ次の古代社会〈最初の社会差別の社会〉へ繋がったのか、古代社会から次の新たな差別社会（封建社会）への発展、そして封建社会から更なる差別社会（資本主義経済社会）への発展もマルクスは基本的に確認できていたのである。

人類社会は自然に自動的に没落するのではなく、差別社会の支配者階級は革命勢力に打倒されるまでは支配をやめず、生き延びるのである。人類社会は古代社会以来内部分裂〈階級対立〉が続き、それぞれの社会の支配階級が交代してきたのである。『宣言』では、資本家階級の支配を打倒する「墓掘り人」は労働者であると明言している。彼らが社会の主人公になって初めて、古代社会から続いてきた社会階級対立（ほぼ6千年）が解消される社会（社会主義社会）が始まる。マルクスは原始社会から現在の資本主義社会までを人類の自然発生的歴史（唯物史観では『前史』）と語る。次の社会主義社会から人類の『本史』と言うはずである。人類の本格的文明の歴史がそこから始まる。マルクスはこの基本的歴史過程を解明するだけで1883年に亡くなった。

共産党もマルクス研究者、紹介者も科学理論と言えば、自然科学のことしか頭に浮かばないようである。人間社会とその歴史過程とを科学的に分析し考えることが今までいかに難しかったかが分かる。マルクス以前までは社会についての総合的知識と思考力はドイツ人ヘーゲル評価のように哲学が最高のレベルとされていた。従って誰しもマルクスを偉大な思想家とか哲学者として最高に褒めたつもりであったようだ。

「科学」であるならば、自然科学でも社会科学でも現実の事実を形成している原因や根拠を探し当てなくては、前には進まない。ここでエンゲルスの言葉を紹介しよう。『反デューリング論』「覚え書」で語る。「自然科学と歴史科学とが弁証法を自己のうちに採用する時、初めて哲学的ガラクタの一切は……純然たる思惟の学を除いて……無用のものとなり、実証科学のうちに消滅するのである。」つまり思想や哲学は、マルクスの科学理論以降はいわゆる「雑学」となり、〝最高の理論〟という評価の座を明け渡すことになると、言うのである。マルクスの思考法である唯物弁証法的思考法こそ、人間社会と歴史の本質を解明しうる方法であるということである。

V　政治が社会の基礎（土台）なのか。否、経済である

一体人間社会とは何を基礎にしているのか。政治ではあるまい。政治学者らは、政治的事象を研究する作業で、無意識的に政治的事象のみを集めることで、まるで政治が社会の基礎であるかのような作業をしていることに気がつかない。先進国だけでなく恐らく世界中の政治学者や研究者らはそもそも人間社会とは何かなど、考えたこともないようである。

マルクスの著『経済学批判』の「序言」とか、エンゲルスの『空想から科学へ』の中で論じられているように、現実の物質的生活の全体（経済）がいつの時代でも社会の土台なのである。これを忘れたら、社会の本質を掴むことはできない。そして社会の土台（経済）とその上にある精神過程全体（例えば政治、思想、芸術、宗教など）との関係も単純な直列、直接ではなく矛盾関係として（それぞれ相対的には独自的だが経済とは切り離せない関係として）位置付けている。このように唯物弁証法思考を使わなければ、社会、歴史の本質は決して見えてこない。

従って政治過程、現象の本質を探るには、政治現象をいくらたくさん集めても、そこには存在しないのである。政治は土台の経済に根拠を持ち、その反映として存在する現象なのである。だから経済と政治との関係を、経済を基礎にした政治現象として位置付けて研究しなければな

らない。この経済と政治の弁証法的関係を踏まえなければ、政治の本質は見えてこないのである。

VI 『資本論』の「剰余価値」学説の確認こそ最重要

「剰余価値」学説については、エンゲルスの『空想から科学へ』を再度引用しよう。

「一方では、資本主義的生産様式をその歴史的連関のなかで、また一定の歴史的時期にとってのその必然性を明らかにし、したがってまたその没落の必然性を示すことだったのであり、他方では、相変わらず覆い隠されたままだったこの内的性格を暴露することだったのである。この仕事は剰余価値を明らかにすることによってなされた。

不払労働の取得が資本主義的生産様式とそれによって行われる労働者の搾取との基本形態であるということ、資本家は、彼の労働者の労働力を、それが商品として商品市場で持っている価値どおりに買う場合にさえも、自分がそれに支払ったよりも多くの価値をこの労働力から取り出すのだということ、そして結局この剰余価値によって形成される価値額から、有産階級の手の中で絶えず増大する資本量が積み上げられるのだということ――これらのことが証明された。こうして、資本主義的生産と資本の生産との成り行きが説明されたのである。

これら二つの偉大な発見、すなわち唯物史観と、剰余価値による資本主義的生産の秘密の暴露とは、マルクスのおかげで我々に与えられたものである。これらの発見によって社会主義は科学になった。今何よりもまず問題なのは、この科学をそのあらゆる細目と連関とについて更に仕上げてゆくことである。」

（エンゲルス著『空想から科学へ』86～87頁　国民文庫　大月書店）

剰余価値の「剰余」とは何のことか。ある物より余っている、多いものである。ではある物とは何であろうか。労働者がもらった給料である。先のエンゲルスの文では、資本家は、彼の雇った労働者の給料〈労働力＝商品の価格〉が商品市場〈労働市場〉の価値どおりの値段であっても、それ以上の価値（価格）を実際に手に入れているということである。そしてこの剰余価値が「資本」として資本家の更なる金儲け（利潤追求）の原資になる。

例えばリンゴという商品を一個１００円で買った。買った人はそのリンゴを食べても何をしてもよいわけである、自分の物であるから。では労働力商品はリンゴと同じであろうか。そこが問題なのである。形の上ではリンゴ商品と同じに市場での値段（給料）が付いていて、形は似ているが、実質は違う。労働者のは労働「能力」である。マルクスは唯物社会論で、唯一彼だけが、労働者を何回も使うことができる生き物として本質的にとらえている。人間の労働こそが人間特有の行為である。しかもその労働とは自然に働きかけ、工夫をし、新しいものを作る行為であり、人間同士がその労働で作り合って（労働を対象化しつつ）生存していると。労働は単なる用事の繰り返しではなく、常に新しいものを作り出す行為であると。だから人間社会は労働で成り立っていると。

Ⅶ　唯物史観は歴史科学の本質論

エンゲルスは語る。

「唯物史観は、次の命題から出発する。すなわち、生産が、そして生産の次にはその生産物の交換が、あらゆる社会制度の基礎であるということ、歴史上に現れたどの社会においても、生産物の分配は、それと共にまた諸階級または諸身分への社会の編成は、何がどのようにして生産され、また生産された物がどのようにして交換されるかによって決まるということ、である。この見地からすれば、一切の社会的変動と政治的変革との究極の原因は、人間の頭の中にではなく、つまり人間が永遠の真理や正義をますます認識してゆくということではなく、生産と交換の様式の変化に求めなければならない。つまり、それは哲学にではなく、その時代の経済に求めなければならない。現存の社会諸制度は不合理で不公正であり、また理性は無意味となり、幸が災いになった（ゲーテ『ファウスト』から）という認識がますます目覚めてゆくということは生産方法と交換方法とのうちにいつの間にか変化が起こって、これまでの経済的諸条件に合わせて造られた社会制度は、もはやこの変化に適合しなくなった、ということの一つの兆候にすぎない。それはまた同時に、明るみに出された弊害を除くための手段が、変化した生産関係そのもののうちに――多かれ少なかれ発展した形で――やはり存在しているに違いない、ということを物語っている。これらの手段は、頭の中から案出されうるようなものではなくて、頭によって眼前の物質的な生産事実の中に発見されるべきものである。

では、この点からみるとき、現代の社会主義はどういうことになるか？　現在の社会制度は――今ではかなり一般に認められていることであるが――今日の支配階級、つまりブルジョアジーによって作り出されたものである。マルクス以来資本主義的生産様式という名で言いあらわされているブルジョアジーに固有の生産様式は、封建制度の地域的および身分的な特権とも、人間相互間の様々な人身的束縛とも、相いれなかった。ブルジョアジーは、封建制度を打ち砕き、その廃墟の上にブルジョア的社会体制を打ち立てた。すなわち、自由競争、移転の自由、商品所有者達の同権、その他あらゆるブルジョア的栄光の王国が打ち立てられた。その時以来、資本主義的生産様式は、自由に発展することができるようになった。

ブルジョアジーの指導のもとに作りだされた生産関係は、蒸気と新しい作業機とが旧来のマニュファクチュアを大工業に作り変えてからは、前代未聞の速度と規模で発展した。しかし、その当時マニュファクチュアとその影響を受けて一層の発展を遂げた手工業とが同職組合の封建的束縛と衝突するようになったのと同様に、大工業も、それがますます完全に出来上がって来るにつれて、資本主義的生産様式がそれを閉じ込めている諸制限と衝突するようになる。新しい生産力は、すでにその利用のブルジョア的形態を乗り越えるまで成長した。しかも、生産力と生産様式との間のこの衝突は、例えば人間の原罪と神の正義との衝突のように人間の頭の中に生じた衝突ではなくて、客観的に、われわれの外部に、それを引き起こした人間の意欲や行動そのものとは無関係に、事実の中に存在しているのである。」

（エンゲルス著『空想から科学へ』87～89頁　国民文庫　大月書店）

では何がこの衝突の本質なのか？「一方では資本家の手に集積された生産手段と、他方では自分の労働力のほかにはなにも持ち物がないようにされた生産者とのあいだに、分離が実現された。社会的生産と資本主義的取得とのあいだの矛盾が、プロレタリアートとブルジョアジーとの対立となって、あかるみに出てきたのである。」（同前94頁）

マルクスの唯物社会構成論及び唯物史観そして『資本論』などによって、歴史上初めて人間社会とその歴史過程が、資本主義経済の構造が客観的に且つ科学的に解明され始めた。勿論エンゲルスも述べている通り、まだ〝基本的に〟である。これによって人間社会と歴史の根本法則が分かり、我々の社会認識が大きく前進できるのである。だが自然科学に比べて、社会科学や歴史科学分野は大きく進歩が遅れてしまった。というより、全く進歩しなかったと言えるほどであろう。世界中の学者や知識人たち特にマルクス支持者たち自身がそうであったと言える。彼らは皆、マルクスの理論を単に「思想や哲学」としか評価できなかった。そこに科学的法則などあろうとは、そもそも考えようともして来なかった。社会や歴史過程では、マルクスの独特の理屈の組み立てと思い込んだだけであった。結局は個々の歴史的事件、事象において大きな役割を果たした人物（キーパースン）の言動を紹介するだけのバラバラな記述や紹介しかなされなかったのである。

こうして20世紀に入ると、学者や知識人らは自分勝手にマルクス理論のあちこちを食い荒らし、好き勝手な論評をばらまいただけであった。ヨーロッパ・マルクス主義哲学者達はそれこそ百花繚乱したけれど、ただマルクス科学理論の混乱、解体しかもたらさなかった。何という不毛の1世紀であったのだろうか！　彼らはブルジョア知識人特有の個人主義的思考法でマルクス科学理論を扱っただけであった。例えばマルクスと労働者解放とは最も密接な関連にあるのに、彼らは労働者の搾取からの解放を全く視野に置かず、マルクス文献漁りをする始末であった。当然に唯物弁証法思考でそれらを扱うことはしなかった、いやそれができなかったと言う方が正しいであろう。

その結果ヨーロッパ・マルクス主義哲学は21世紀の現在では解体に至ったのである。唯物弁証法思考が分からず、どうしてマルクス科学理論が分かるであろうか？　もし科学論であるならば彼の使った語、句、文を歴史的現実の中で客観的に正しいかどうか、どの程度、どこまで正しいのか、必ず検証しなければならないはずである。社会、歴史分野より遥かに進歩してきた自然科学分野で日夜行われているように、「仮説設定と実験検証」は絶対に欠かすことはできない作業である。それを社会・歴史過程でもしなければならない。

自然科学で科学的に正しい発見であっても、現実社会が利己的な資本主義経済を土台にする社会であることから、利己主義目的に誤った使われ方をされることがよくある。原子力発見が核兵器開発へ、コンピュータが様々な犯罪に使われるなど、枚挙にいとまがない。自然分野に限らず社会、歴史分野でも科学的発見を正しく使いこなすには、土台である利己主義経済を変革しなければなるまい。これが現在の科学と実践の最大の課題である。

これからは、20世紀に日本国内でマルクス科学理論を混乱させてきた主な著書など典型的な例を紹介しよう。これは将来労働者階級の闘いに役立てておこうという意図から、闘いが前進する時、必ず議論として登場するであろうと予想されるものを、あらかじめ提出してある。これらは一見して正しそうな体裁を取りながら、実はそこに歪曲、逸脱、誤りが隠されているのである。その時私の著書で既にそれらの歪曲、逸脱、誤りがはっきり指摘されていることが示されれば、混乱せずにそれらを克服でき、さらに先へ前進できるからである。理論闘争の役割の一つがここにあるであろう。

評論1

説得力に欠ける労働者の味方論

橋爪大三郎著『労働者の味方マルクス』（2010年　現代書館）

❏ソ連がなぜ社会主義なのか？

この評論は、日本の大学の社会学分野で名高い橋爪大三郎教授の著書を対象にしたものである。氏が社会主義やソ連についての世界中の〝常識論〟をベースに書かれたものである。常識論の例は、例えば私の手元にある『世界史小事典』（三省堂）で「ロシア革命」を引くと「ブルジョア革命〈市民革命〉としてはじまり、世界最初の社会主義革命として完結した」と説明されている。また世界的に有名なE・H・カーの著『ロシア革命』の第1章で「ロシア革命は、資本主義体制――それは一九世紀の終わりにヨーロッパで最高潮に達したのだが――に対する最初の公然たる挑戦なのであった。」と書かれている。

私は直ちに「ソ連が、なぜ社会主義国なのか」と疑問を著者に書き送った。続いて1991年ソ連邦崩壊がなぜ「社会主義の崩壊」なのかと、答えを求めている。この問いは社会主義を論じる場合に、最も重要な質問である。これに真面目に答えなければ、当然に社会主義論の専門家として資格を問われることになる。氏は著書の表紙にはっきりと「労働者の味方マルクス」と表現されておられる。であるからこそ私の問いに答えられないのは、非常に残念である。その理由を今の時点で考えれば、マルクスの理論を「科学論」として理解していなかったからであろうと思う。

ソ連や社会主義論についての「常識論」はどうして世界に広まったのであろうか。世界中の人がごく普通に真面目に考えるだけならば、自然にそうなるということである。真面目な人が社会主義と言ったら、その言葉を疑わずに社会主義と受け入れる。だが根本的に、本質的に考えようとするならば、それではその本質は見抜くことはできないのである。例えばソ連のスターリンが自国を社会主義国と認識し語ったら、読者のみなさんはどう考えるであろうか。ここが問題なのである。人間〈例えばスターリン〉の判断はいつも正しいのであろうか。また何に対してなぜ正しいのであろうか。これを問題にしなければ、判断の善し悪しが分からないであろう。

❏スターリンの「マルクス・レーニン主義」論がなぜマルクス主義の「発展」か

スターリンは、レーニンが死に際に見抜いたのだが、ロシア革命で打倒された封建ロシア帝国主義王政の信奉者（大ロシア主義者）であった。ロシア革命とは、スターリンのような人物さえ参画できる程度の〝革命〟であった。この点からしてもロシア革命が近代労働者による社会主義革命ではなかったことが分かる。革命化した農民が主力の革命であった。人物論的にもレーニンが革命の最先進的人間であったのに比べ、スターリンは革命の最後尾の旧時代人であった。旧社会的人間であるから封建時代の信条を身に付けたまま、革命に、しかも政権の〝重要人物〟として地位を得ることができたのである。彼には革命の新時代人としての資質などまるでなかった。

従って、レーニンの晩年でのマルクス科学理論からの逸脱などがあっても、それをスターリンは見抜けるわけがないのである。彼が共産党書記長というソ連トップになって最初に手掛けたのは、レーニン崇拝である。封建時代からの権威主義をそのまま実行した。つまりレーニンのマルクス科学論からの逸脱をそのまま讃美し、マルクス以上の理論だと祭り上げ、神格化したのである。首都モスクワの赤の広場に彼は愚かにも「レーニン廟」を設置したのである。それが「マルクス・レーニン主義」の内実である。ところが世界中のマルクス主義者がそれを見抜くことができなかった。著者の橋爪氏もその影響でスターリン時代をマルクス主義の「発展」などと誤った判断をしたことになる。ロシア革命政権の中で、スターリンの時代錯誤の政治的信条に気付いたのはレーニン唯一人であった。

こうしてスターリンは、社会主義を口にしながらブルジョア権威主義を持ちこんでいく。例えば国際共産主義運動コミンテルンではソ連を社会主義の〝祖国〟と位置付け、世界中の共産党に対して〝祖国を守る〟べき活動を指令したのである。１９３０年代の相次ぐ経済五カ年計画によって自信をつけた彼は、１９３９年ナチス・ヒトラーと共同して東欧諸国を支配しようと、「独・ソ不可侵条約」を結ぶ。ここでソ連は、ドイツと共通した軍事的帝国主義国となり、世界列強の一角に登場した。

それを象徴するソ連赤軍の大々的な軍事パレードが国家の威信をかけた国家行事化したのである。もともと赤軍とはロシア革命の守備隊であったが、スターリン時代に既に帝国主義軍隊に変貌したのである。著者の橋爪氏が、スターリン期のソ連を「社会主義の発展」項目に入れたが、全社会主義の「解体」と規定するのが正しい。勿論その後のソ連も同じ規定をすべきである。

❏ソ連がなぜ軍事的帝国主義国になったのか

ここで読者は、なぜ〝社会主義ソ連〟が軍事的帝国主義国になるのか、なったのか不審に思われるかもしれない。それも無理ないことだとは思う。なぜならマルクスの唯物弁証法的思考を使わなければ、つまり日常的（ブルジョア的）思考では決して社会の本質を理解できないからである。マルクス紹介の専門家と言われる人たちのほとんども、それを理解しかねていたからである。だからエンゲルスの警告が役に立つのである。すなわちマルクスの科学理論（唯物論世界観、唯物社会構成論、唯物史観、弁証法論理学）を軽視や無視すれば、罪なしにはいられないという警句である。人類社会を、その歴史を根本的に解明しようとするならば、マルクスの科学論を使わなければ、決してできないのである。エンゲルスの「警告」は文字通り千金に値するものである。

再度それを確認するが、人間社会の基本的在り方は、経済（物質的生活過程の総体）を土台にして、その上に政治、思想、芸術などの精神現象（上部構造）が覆っているのである。その社会がなぜ変化、発展するのか。そこに矛盾があるからである。では土台である経済における矛盾とは何か。それは生産力と生産関係との矛盾である。経済に限らず地球、宇宙全ての存在は矛盾関係の中にある。そして経済と上部構造との間にも矛盾がある。それらは一見して違ったものであるが、究極的には経済につながっている。このように違った物であるが、切り離すことができない関係のことを矛盾関係という。マルクスはこの〝最も基本的な構造〟を明らかにして生涯を終えた。エンゲルスが述べているように、後世の者は〝より具体的な矛盾〟の発見に努めなければならない。

ソ連はその看板とは全く違う国である。ソ連とは「ソビエト社会主義共和国連邦」の略語だが、その「社会主義」の字は全くの嘘である。ソ連の代々の共産党・政治権力者が皆、ソ連を名乗ってきたのは事実であるが、ソ連社会の実態は社会主義と言えるものは全くない。

❏中国の鄧小平の「社会主義的市場経済」とは何か

氏の「6・2　中国の改革開放」（146頁）では1992年に共産党の鄧小平が「社会主義的市場経済」と宣言したと述べている。それは「政治は社会主義（共産党の独裁）だが、経済は市場経済（資本主義）という奇妙な組み合わせのことである」と。氏は「奇妙な」と言いながら、なぜそう判断するのかを語らない。これでは読者は判断できまい。労働者は、それをこそ知りたいのである。現在の資本家や経営者たち、政府、政治家達は、労働者に真実を語らないようにしている。労働者がそれに気付くことを彼らは恐れている。だから労働者の味方になろうとする者は、マルクスと同じく物事の真実・本質をはっきりと見極め、語り伝えなければならない。マルクスこそ科学的分析＝社会の本質の解明によって、労働者の味方であることを証明し続けた人物である。

私は氏の言う「奇妙な組み合わせ」表現はよく分かる。社会主義経済と市場経済（資本主義経済）とは歴史的に全く相容れない正反対の経済制度だからである。市場経済とは、商品経済のことである。生産されたひとつ一つの商品（例えば自動車やパンなど）がある価格を持って市場で流通し売買され消費される経済のことである。ところが社会主義経済では、値段をつけた商品などは生産しない経済である。社会的に必要な物資〈自動車やパンなど〉にわざわざ値段（価格）をつける必要はない経済である。なぜならば社会的に必要な物資（生産財も消費財も）はあらかじめ量も質も決まっているのである。その物資には値段（価格）など付いてはいないし、その必要もない。

では人は、お金なしに、どうやってその物資を交換し、受け取るのか。それはその人が働いた労働時間の量だけが基準なのである。そのデータはコンピュータで全国的にすぐに出るのである。人は社会的に労働した分が物資を受け取れる分となるのである。これが社会主義経済である。現在のように商品を生産し、価格をつけ流通させる資本主義経済とは全く違う経済であることが分かるであろう。20世紀の社会主義国には、こんなことは、どこにもなかったし、1時間もなかったのである。だから「社会主義」国と名乗ることが全くの非科学で間違いであることが分かる。

❏21世紀は旧新「帝国主義国」相互の対立と拮抗

ヨーロッパやアメリカなど最先進国では、資本主義経済は個人主義生産として始まったが、ドイツや日本などでは、株式資本、財閥資本など〝社会的〟資本が現れ、20世紀発展途上国では「国家資本」形態の資本主義生産が登場してきたのである（国家資本主義経済）。

ロシアの指導者レーニンは、この国家資本を社会主義的生産への直結過程と誤解してしまったのである。この誤りが分からず、中国などは国営企業の生産をいまだに社会主義生産と誤ったままである。ソ連や中国にはマルクスのような社会科学、歴史科学の知識がなかったのである。従って「社会主義的市場経済」論の「社会主義」は全く意味がなく、それを「国家資本主義経済」と言い換えるのが正しい。その資本主義がさらに大きく発展すれば、必然的に帝国主義へと変貌することが分かる。

レーニンの『帝国主義論』において解明されたように、資本主義経済が大きく発展すれば、その国の国内市場の購買力を超えて生産力が拡大する。資本主義経済は、生産された膨大な商品は必ず売買されなければ、自滅するしかなく、その販路を求めて外国市場を開拓しなければならない。それが外国支配への衝動となるわけである。つまり最先進国が19世紀後半から「先進」帝国主義となり、資本主義へ約100年遅れたドイツ、イタリア、日本らは「後発」帝国主義国となった。その後ソ連がスターリン期後半以降、後発帝国主義国に加わったのである。これはマルクスの唯物社会構成論、唯物史観を使わなければ解明できないのである。1991年にソ連は崩壊したが、下部構造の資本主義経済は残り発展し、現在のロシア連邦がプーチン大統領期以降、後発帝国主義国となった。そして今現在、中国が国家資本主義経済の最近の大発展によって、後発帝国主義国入りをしたのである。インドなどがこれに続くであろう。従って今後これらの帝国主義国の様々な対立と拮抗の時代となるであろう。

評論2

20世紀社会主義の本質が見えぬ社会学的思考

英・政治学者　アーチー・ブラウン著

『共産主義の興亡』（2012年　中央公論新社）

この評論文の対象は、英国でのソ連研究の第一人者と言われる学者の本であり、800頁にもなる大書である。従って、この本の内容がどの程度のものか、英国の社会科学（特に政治学）の現状と学問的水準を知る材料でもある。

❏先進国の学問法＝「社会学的思考」とは？　常識的研究法

さて初めにお知らせしなければならないことがある。この本の日本語訳をした下斗米伸夫・法政大教授に対し、私は厳しい批判を行ったことである。私の前回評論に書いたものを引用する。

「監訳者あとがき」で「20世紀最大の政治運動である共産主義を、その起源から史的終焉に至るまでを歴史的・政治学的に考察し、記述したものである。このような本は他に類がない。」

「1991年ソ連崩壊後、日本では大方の知識層が『思考停止』状態に陥る中で『再び理論と現実共に結び付け、現実政治の流れをともに追う点で、この著作は知的誠実さと同時に論点を整理する上でも大変参考にもなろう。』ブラウン氏は『単に専門の〝現代〟ソ連政治だけでなく、コミュニズム論全般に広げ、見事な鳥瞰譜をつくった』と監訳者はただ感心するばかりである。」

「確かに、共産主義と言われている現象の起源からソ連終焉までを時間を追って詳しく記述してはいる。しかし、その記述のほとんどは、丹念な事実・情報の収集に過ぎないのである。そこから先へ、それらの事象・現実の奥に潜む法則・本質への探究は少なく鋭さがない。少なくとも『理論』に値するものは、そこには見当たらないのである。数多く集められた事象やインタビュー、発言についてはともかくとして、ただそれらから直接得られた概括は、理論ではなく単なるまとめにすぎまい。感想文程度であろう。いわばドキュメンタリー以上ではないものである。」「氏は学者であろう。学者とは何をもって社会に貢献すべきなのか。それは理論、特に科学理論をもってであろう。だが『あとがき』では、それを窺わせるものは感じ取れない。」

「従って問題は次のことである。膨大な量の事象資料から理論を導き出すこと。ブラウン氏は果たしてこの課題を追求しようとしているのであろうか。更には事の本質に迫る思考・分析を進めているであろうか。私の結論を先に言えば、否である。人間社会、例えば政治について、その本質を発見するために、科学的認識という学問上の究極課題を目指そうという明確な意識や姿勢すら、この本にはどこにも表れていない。行間にそれを感じさせる様子もない。」「この

800頁のどこにもそれが見当たらない。私は氏の本や論考は他には読んではいないが、この書だけで氏の英国『第一人者』としての実質を見定めることができる。はっきり言えば、欧・米・日のブルジョア大学・政治学のレベルの低さこそ、氏の文は証明しているのである。」

読者のみなさんは、どう考えますか。

この本の監訳者が言う通り、共産主義と言われる現象を著者は事細かく書き留めてはいる。しかし、そこから先へ一歩も進まないのである。今先進国の大学で人間社会について行っている研究や分析というものは、このアーチー・ブラウンと同じ方法である。すなわち社会的事実をたくさん集め、その中の共通した点を拾い上げ、まとめるやり方である。

この思考方法は「社会学的方法」と言われている。社会的事実を集めており事実（現実）に基づいてはいるから、実証的ではある。だがそれ以上ではない。事実を造り出している真の原因・根拠については何一つ論じない。従って、なぜ事実がそうなるのかについては著者は何も明らかにしないし、明らかにすることもできない。この著者は共産主義とは何か、ソ連とは何か、を一度も論じていないのである。それは当然である。現実の事象の成り立ちを説明する意図も能力も持ち合わせてはいないからである。この本の最大の欠点がここにある。それにもかかわらず、法政大学教授、監訳者は最大限の褒め言葉で語るだけである。

❏現実を導き出す根拠が分からず、氏は事象の推移に右往左往

ブラウン氏は、「第一章　共産主義の理念」５頁で語っている。「マルクス・エンゲルスの『共産党宣言』では、20世紀になって共産主義が飛躍することは、暗示することすらできなかった」と。20世紀の現実となった共産主義、「それもヨーロッパだけでなく、地球上でマルクスがプロレタリア革命が起きると期待した以外の場所で、しかも何億という人の上に広まっていった」、「世界の二つの主たる農業国、つまり世界最大の面積を抱えるロシア帝国、後のソ連と、最大の人口を抱えた中国においてである。なぜ共産主義が広がり、それはどのような体制となり、時間と空間の変化によりどう変化し、そしてなぜ、それが始まったヨーロッパで終焉を迎えたのか。これを研究するのが本書のテーマである。」と。

ここには、いくつもの混乱や錯誤が見られる。しかも氏はそれらの自覚すらない。人間社会の重要事象、ここでは「20世紀最大の政治現象」=共産主義を研究しようとするならば、それが何なのかをあらかじめしっかり確認しなければならないはずである。だが、これすらも氏はされていないのはなぜであろうか。社会主義・共産主義という単語が共通ならば、内容は何でもよいのであろうか、これほど非学問的な知的不誠実さはあるまい。

マルクスを「世界史上、最も有名なプロレタリア革命の提唱者である。」と氏は紹介した。ところが氏は、そのプロレタリア革命とは、いかなる革命なのか、それをしっかり確認し確定することをしていないのである。監訳者の言う「知的誠実さ」など微塵も見当たらない。例え

ばマルクスが『共産党宣言』から晩年の『資本論』に至るまで使っている「プロレタリア」とは一体誰のことか、どのような歴史過程で就業人口の圧倒的多数者のプロレタリアートとして登場するのかなど、マルクスの科学的社会主義論にとって最も基本的なことさえ、著者は確認を怠っている。

マルクスの言う労働者とは、発展し成熟した資本主義経済で働く組織化された存在を指す用語である。氏に伺おう、このような労働者が1917年のロシアに、1949年の中国に存在したであろうか。もちろん存在もしなかった。それなのにプロレタリア革命やその独裁を語り、社会主義、共産党を名乗るというデタラメさである。ロシア共産党のレーニン以下全てがこの誤りを続けたのである。こうしたことを何一つ確認や確証もせずに「共産主義と言われる」現象や事実を集めただけの著者の作業は何の価値もあるまい。この著書のどこの、何が、なぜ間違いなのか、その主な点は、しっかりと指摘しなければならないと思う。社会主義議論の今後のためにもこれは、しなければならない仕事であろう。

❏「世界の二つの主たる農業国、ロシア（ソ連）と中国」は社会主義か、否

本書5頁で「つまり世界最大の面積を抱えるロシア帝国、後のソ連と、最大の人口を抱えた中国においてである。なぜ共産主義が広がり、それはどのような体制となり、時間と空間の変化によりどう変化し、そしてなぜ、それが始まったヨーロッパで終焉を迎えたのか。これを研

究するのが本書のテーマである。」と語る。氏はマルクスの『共産党宣言』も読んでいる。しかしそこにはっきり書いてあることを、すっかり忘れている。何のことか、農民的社会主義のことである。前の方でも指摘したが、『宣言』でマルクスは「労働者」の社会主義とはっきり述べている。農民の社会主義ではない。『宣言』の後ろの方「三」で農民社会主義を労働者社会主義とは全く違う「小生産者社会主義」として区別している。氏らはこれが分からない。世界中の共産党も分からなかった。

その典型的例は中国の毛沢東の農民社会主義である。ロシア（ソ連）共産党以下全世界の共産党が「労働者」の社会主義と「農民」のそれを区別せず、あるいは混同して曖昧にした。それが全世界に広まり「常識」となってしまった。まさにその誤った常識が本書の著者の頭に宿ったわけである。マルクスの社会主義論は「科学理論」であり、マルクス一個人の構想物＝「思想論・哲学論」ではない。これがマルクス没後１３５年過ぎた今も変わらず分からないのである。科学と思想との思考の違いが分からなかったということである。社会科学の本質論（唯物弁証法思考）は、マルクス以降今まで全く進歩しなかったことになる。

❏20世紀の農業国革命の結果は、必ず「国家資本主義経済」

１９１７年ロシア革命の新経済体制は、レーニンの分析通り「国家資本主義経済」でしかなかった。レーニンは主要産業を国営企業にし、それらを共産党政権が管理すれば、国家資本主義経済は社会主義経済へ到達するだろうと考えた。だがこれが誤りであった。この国家資本主義経済はまだ未熟な段階の資本主義でしかなかったから、社会主義へではなく、資本主義として更に長く発展するのが唯一の必然的方向であった。マルクスの唯物史観の紹介の時に引用した［引用②］が、そこで彼は資本主義経済が成熟し切ってからでないと、社会主義経済への移行条件が現実化しないと語っている。これをレーニンはよく分からなかったのである。あるいは彼は、まだこの著書を読んでいないかもしれない。

また中国の1949年革命後も同じ「国家資本主義経済体制」にしかならなかった。なぜか。農業経済からは決して社会主義経済は造り出せないからである。そこからは必ず商品経済＝資本主義経済に転化するだけである。従って社会主義経済を造り出す歴史的現実的条件がないのである。その条件は高度の資本主義経済である（客観的条件）。更にそこで働く圧倒的多数の労働者の存在（主体的条件）である。

この二つの歴史的条件が基本的になければ、社会主義経済を建設することはできない。歴史過程では資本主義経済は、まず個人主義的小規模生産から始まった商品経済が発展し、分業が拡大し、社会的生産へと進んだ。それが工場生産となり、18世紀以降いわゆる「産業資本主義」段階へ突入する。更に競争の激化とともに19世紀には資本の集積＝企業の大規模化すなわち大企業の登場から、19世紀後半独占資本・企業へと高度化した。そして第二次世界大戦後から「国家独占資本主義」段階という高度な社会的分業生産体制となってきたのが現代である。

この社会的生産を資本主義の限界を超えて、更に発展させるのが、労働者による社会主義生産体制である。これがマルクスの社会主義経済革命論の骨格である。

ところが驚くなかれブラウン氏の本にはどこを探してもこれが書いてない。これでは氏がマルクスを批判する資格そのものが全くないと言わざるを得ない。マルクスの科学的経済理論を紹介する能力もない。ブラウン氏は、マルクスの科学理論が分からず、勝手に誤解してそれを批判するという、まるで〝ドンキホーテ〟もどきの独り相撲をこの本で演じているにすぎないのである。

❏氏の言う「自由への安全装置」とは？　イギリスにそれがあるのか

氏は21頁で、「彼（マルクス）の『人類の普遍的解放』の構想は、個人的自由へのどのような安全装置もなかった。」と語る。この文のように、「〜どのような安全装置もなかった。」と語るだけで、なぜそう言えるのか、何の説明も論証も書いてない。少なくとも「人類の普遍的解放の構想」と言うのなら、それがどんなものか簡単にでも紹介すべきであろう。だが氏はそれも全く書いていない。しかもそれがなぜ自由への「安全装置」にならなかったのかさえ、明らかにしてもいない。

マルクスは、「自由」についてもその本質を科学的に解明している。では氏らイギリス人の言う「自由」とは何であろうか。氏に答えてもらおうではないか。せいぜい自分の言動を誰にも縛られないことだ、ぐらいにしか言えないであろう。ここで言われている自由論は、世間一般には常識と言われるものだが、果たしてこれは正しいであろうか。ここでこそマルクスの唯物弁証法思考が、科学的思考法として必要なのである。自由とは何か、その本質を確かめる唯一の方法である。先進資本主義国で多くの人が自分達の思考は自由だとよく言う。例えば2015年フランスのパリでテロ攻撃を受けた時、大統領は「フランスは自由の国である」と自慢して叫んだが、この科学的思考法で見れば、彼らの自慢げな自由とは「条件付きの中途半端な自由」に過ぎないことが分かる。

なぜであろうか。それは資本主義的自由でしかないからである。資本主義での自由とは何か。社会の経済的土台の資本主義に縛られた自由意識であるからなのである。資本主義経済は利潤〈利益〉追求一辺倒〈金儲け主義〉の社会である。利益を多く手にした者にとっての利己的自由と言ってもよい。更に重要なことは、多くの圧倒的多数の人の不自由を強制する自由でしかないのである。その不自由とは、労働者の不自由のことである。労働者は自分が生きるための「生産手段を持っていない存在」である。だから毎日毎時間生産手段を持っている他人（資本家や経営者など）に雇われなければ、そこで給料をもらえなければ、食料や生活必需品を買うこともできない、生きることができない社会的存在でしかない。これが現在の資本主義経済社会での労働者の厳しい現実である。

では、彼らの毎月もらえる給料とは何か。基本的に見れば次の給料日までの向こう一カ月のぎりぎりの生活費に過ぎない。資本主義経済での実際の労働者は、給料の何倍も（4倍程度）の仕事を毎日しているのに（これをマルクスは著書『資本論』で「剰余価値生産」と言う）、その分は資本家・経営者が全部泥棒してしまう制度である。これをマルクスは「労働者の搾取制度」と解明した。今の世は労働者を「賃金奴隷」として強制する制度・搾取経済だと。つまり圧倒的多数の労働者と家族に対して、全くの不自由を強制する社会制度であり、ごく少数の者〈金持ち層〉が自由を得ているだけの社会である、とマルクスは科学的に解明したのである。氏はこれに反論できまい。

従って先進国の知識人、政治家、大統領たちが語る自由とは、古代の奴隷制時代と等しく、働く者の不自由を強制した上での一部の者の〝自由〟に過ぎない。マルクスははっきりと語っている。今も6千年前と基本的に共通した奴隷制時代だと。現代の労働者は、この「賃金奴隷制＝資本主義社会」を廃止しなければ、本当の自由な人間になれないのだと。だからその「廃止」をめざして「万国の労働者よ、団結せよ！」と、170年前『共産党宣言』で訴えたのだ。情けないことにこれほど大切な『宣言』を世界中で正しく世界に、世界中の労働者に共産党らによって伝えられなかった。デタラメな〝社会主義・共産主義〟を唱えてきたソ連共産党以下、全世界の共産党の犯罪的役割は、決して許すわけにはいかないことが分かるであろう。

「自由への安全装置」がないのは、マルクスの方ではなく、氏や氏の自慢している英国である。そして資本主義・賃金奴隷制度である。だからむしろ氏は自国に対して批判を向けるべきであろう。そして資本主義諸国の全てに対してである。つまりマルクスただ一人が「自由への安全装置」を科学的に発見したのである。すなわち労働者を賃金奴隷として不自由な人間に強制させているこの資本主義社会を廃止することこそ労働者の「自由への安全装置」であり、全人類のそれでもある。人類史上最後の奴隷制社会が現在の資本主義経済社会だからである。

❏「動乱事態で決定的役割を演じた人物」は事態の本質を語っているか

氏は、16頁で「その動乱の事態で決定的役割を演じた個人についての信頼できる記述と新たな情報とを提供することである。」と語る。確実な詳しい情報はもちろんどんな時でも必要である。だがそれ以上でもないとも言える。なぜであろうか。果たしてその「決定的役割を演じた人物」についての確かな情報は、一体何を語っているのであろうか。それが問題なのである。ところが氏はその先へ思考を深めようとはしない。そこで思考を停止している。これは実は先進資本主義国の全ての学者や知識人らが使っているものであることが分かる、「社会学的思考方法」と言われるものである。この「社会学的思考方法」ではせいぜい情報収集ぐらいしかできないのである。実際の情報を集めている限りでは、確かに事実に即してはいるが、それらの事実の奥にある法則や事実を現象させている根源や根拠をまで探し出すことは、それではできない。なぜならば事実や事象を集めそれをまとめるだけの思考作業だからである。例えば、氏のように「共産主義」と言われている事象を集め、それをまとめただけで何が分かるのか、何が見えるのか、である。スターリンは死ぬまでソ連を社会主義国と言っていた。そこで氏は、スターリン時代の事実や事象を事細かく集め、『共産主義の興亡』という８００頁もの分厚い本を出版した。

この本でいったい共産主義の何が分かったのであろうか。ブラウン氏の言う〝決定的人物〟例えばスターリンを取り巻く事実や事象の総括から一体何が分かったのか。ヒトラーの所業とほとんど同じ政治をスターリンは実行したと言える。そこでブラウン氏は共産主義とは何か、それをまとめ、規定することができずに終わった。そして結局「ある体制を共産主義と呼ぶことの意味を精査し、その特徴を検討することは必要だろう。もっとも、本書は時代を追って書いていているのであって、遡及して書くのではないことから、本書の主題にはならない」（15頁）などとお茶を濁すだけである。これだけたくさんの事実・事象を示しながら、「私は何百人もの共産主義者と話をしてきた」（13頁）と言いながら、それをまとめることもできない。20世紀最大の政治事象と位置付けながら、それをまとめることもできないとは、マルクス批判をする資格も能力もまるでないではないか。

❏スターリン政治の詳述は事態の本質をついているか

Ａ・ブラウン氏がスターリン政治とは何かを、まとめることができないならば、代わりに私がまとめてみよう。それはマルクスの思考法を使えばよいからである。つまり唯物論的分析方法である。だがブラウン氏はただの一度も、あるいは試しにもその唯物論的分析方法をやってみたことがないようである。なぜであろうか。彼は知的好奇心は持ち合わせてはいるであろうが、それがいかに狭いものであるかが分かる。なぜならマルクスの唯物弁証法的研究法という言葉は知っていただろう。だがそれを試しに使ってみた形跡がないのである。科学的思考法について関心すらないかの態度である。では彼が学問上日常的に使ってきた研究方法とは何であろうか。

それは英国の社会科分野での思考方法である。広く欧米日など先進国での社会問題分析法である。そこで共通した学問的思考や研究法とは、いわゆる社会学的方法である。ブラウン氏がこの著書で行っている方法である。ところがそれをいくら駆使しても、まともな結論が出てこないのである。例えばスターリンの政治をどれ程詳しく集めても、そこから出てくる結論は、ほぼかつてのヒトラーと共通したものである。ヒトラー政治とは、正確に言えば軍事的帝国主義の個人独裁政治である。スターリンの政治もそれと同じである。理論の共通性があるなら、同じ評価をすべきであろう。従ってスターリンは、軍事的帝国主義の個人独裁者と規定すれば良い。スターリン政治の経済的土台は、国家資本主義経済の帝国主義である。これこそ正しい結論である。

❏「独裁」政治とは何か

１９３０年代以降のヒトラーの政治は独裁政治の典型として語られてきたが、同様にスターリンの政治もそれと共通している。ただソ連を「社会主義国」という規定に縛られてきた者は、どうしても独裁政治と言うのをためらってきた。社会主義社会では資本主義社会での独裁政治とは違うと考えるからである。

20世紀半ばでは、有名な喜劇役者チャップリンの映画『独裁者』がよく知られている。彼がヒトラーを皮肉ったものだが、それは個人独裁者として描かれている。自分勝手に政治権力を振り回すのだが、独裁政治はそれだけに限らず、支配者と被支配者とに分裂している社会では(今の資本主義社会もそうだが)、支配階級の政治的意志が被支配者の中に浸透することを表す言葉である。従ってブルジョア独裁論もある。資本主義社会の支配者全体の政治意志が国民全体に浸透することである。

またプロレタリア独裁論もある。国家権力を握った労働者階級が、社会主義政策を社会全体に浸透させることである。この独裁は一時的、短期的である。なぜか。それは独裁そのものをなくすための政治である。社会の分裂を無くし、支配被支配そのものを廃絶し社会主義経済を造り出すために、さらにそれに従わない者を従わせるために行う政治である。この過程は分裂社会での支配者のような暴力的強制は使う必要はない。社会主義経済・政治は差別と格差そのものを無くす過程だからである。

20世紀末のソ連崩壊後に、独裁が議論になったのは中国政治であろう。中国政治は共産党の一党独裁制であると非難された。それは共産党以外の政治組織を認めないし、反民主主義政治体質と非難された。では独裁とは、どんな政治を指すのか。それは階級分裂している社会（今現在、全世界の国である）の支配者層の政治的意志が下部国民の中にも実際に浸透することを表す概念である。

従って政治権力者は一人とは限らない。かつて20世紀では、1930年代ヒトラーの時だけでなく、発展途上国での軍部独裁政治とか官僚独裁政治という言葉もあった。これらは支配者層の中でも突出した部分の政治を語っている。かつて学校で中国人留学生が自国は多民族国家だから一党独裁国家ではないと、反論したことがあった。しかし独裁とは、その国で支配政党（組織）以外の政党の存在を認めるかどうかという政治固有の問題であり、他民族があるかどうかは、政治とは別の文化の問題であると答えた。

これに関連して、20世紀ロシア革命後、レーニンが最晩年の頃プロレタリア独裁論を使っていたことが、気になるのである。私のこの本でも前の方の頁で述べたことだが、1917年革命をレーニン指導下のスターリンやトロツキーらが社会主義革命と名付け、ロシア（ソ連）を社会主義国（プロレタリア独裁国家）と規定し宣伝したが、指導者レーニンはきっぱりとそれを批判したのである。

ところが彼は、その後プロレタリア独裁（プロ独）論をしきりに使うのである。ロシア革命を社会主義革命ではないと断言したレーニンが、なぜプロ独をしきりに使うのか。プロ独とは、今の先進国のように労働者が人口の多数者として存在し、しっかり組織化され政治権力を握ってから、現実化する課題である。それを90～100年前のソ連で彼は語ったわけである。明らかにおかしい。

当時のソ連政権内では労働者社会主義者と言えるのは、わずかレーニン一人である。勿論彼は政権内で№1ではある。だがそれだけで政権をプロレタリア独裁権力と名乗って良いのかである。これは全く科学的判断ではない。この誤りを次の権力者となったスターリンは気にするどころか反対にソ連＝社会主義国と全世界に宣伝してしまうのである。この誤判断がそのまま世界中の常識となったのである。

❏20世紀の革命家は全てマルクス理論の科学性を理解できなかった

英国でのソ連研究の第一人者であるだけではなく、一流の現代政治学者としても認められているA・ブラウン氏は、政治的事件における「決定的人物」たちが一人の例外もなく、マルクスを理解できなかったことを、どのように説明できるであろうか？　例えばスターリンの言動をいかに詳しく記録しても、そこから出てくるものはスターリンが全くマルクス理論が分からなかっただけではなく、その理論のブルジョア的偽造しかやっていないことが証明できるのみであろう。欧米での社会学的研究法とは、社会の本質を見抜くことなどできぬ作業である。ブルジョア学問では当然のことではある。彼らは政治学と言えば政治現象を集めることしかできないからである。彼らの学問や研究方法自体が政治現象の本質を見極めうる思考方法を持ち合わせていないからである。

エンゲルスの警告通り、マルクスの唯物史観を無視すれば、政治現象の本質は見えないであろう。政治の本質は政治現象ばかりを見つめても発見できないからである。政治がこの人類社会の基礎ではないからである。この社会の基礎は経済である。政治はその結果である。これが分からなければ政治の本質はいつまでも分からない。

評論3　日本共産党・不破哲三氏の誤りを正す

著書『マルクスは生きている』（２００９年　平凡社新書）

❏この本の中に現代（21世紀）のマルクスはいるのか、否

氏は「はじめに」において語っている。「マルクスは、19世紀に生き、活動した思想家です。そのマルクスの意見が、なぜいま求められるのか。これまでにも、『マルクスは死んだ』という声が聞かれた時期は、現代の世界の歴史のなかで何回もあったことですが、マルクスは、そのたびによみがえりました。なぜ、マルクスはいつもよみがえり、世界からその声が求められるのか。その答えを見出す道は、マルクスの思想と活動をたずねる以外にはありません。この本は、その問題意識から、マルクスの真実の姿を読者に紹介しようとして書いた」と。

これは一見素直な文であるが、実はそうではない。私は前の方で既に述べてきたが、この文のような他人事みたいな書き方（「マルクスは死んだ」と何回も言われた）をする不破氏は、巧妙な嘘をついているのである。氏は、マルクスが今まで何回も死んだと言われたと言うが、マルクス主義を権威づけたのは世界中の共産党である。だがどのようなやり方で権威づけたのか、それが問題なのである。ソ連をはじめ世界中の共産党は、マルクスの理論を偉大な思想と

して褒めてはきたが、逆に長年にわたり理論内容を捻じ曲げて論じてきたことも事実である。その挙句、その理論の要点の意義を弱め、内容に混乱をもたらしてきた。それをマルクス主義の「正統派」として強制もしてきた。その影響を受けた他の人々（非共産党、反共産党諸党派、学者、知識人など）もそれが「正当なマルクス主義」だと認め、マルクス科学理論の混乱に手を貸し、更に拍車をかけたわけである。

例えば、引用文には「マルクスは、19世紀に生き、活動した思想家です。」とある。読者の皆さんは、この引用文の何が、どこが問題なのか分かりますか？　実は、マルクス没後の今現在に至るまで135年間、私らごく例外的な部分以外のほとんどの人達が、マルクスの科学理論とは何かが、まだ分からない状態なのである。その問題点は、この引用文の中の「思想家」という単語なのである。つまりマルクスの理論や文章を「思想論」として論じてきたのが、共産党を中心に世界中での170年間であったと言える。そこで私は2015年に本を出版して、マルクス理論は思想論ではなく、社会科学論・歴史科学論の本質論であると規定し、反論を開始したわけである（自著書『マルクスの科学的・労働者社会主義とは何か――「二〇世紀社会主義」論は誤りである――』2015年6月　朱鳥社）。

不破氏のマルクス紹介は、スターリン・ソ連時代からの続きである。マルクスを偉大な人物と褒めながら、他方でマルクス科学理論を捻じ曲げ、遂にはその偽造まで行った時代である。マルクス理論を「思想」論として歪曲、偽造までした時代以降、全世界にその悪影響が広まり、

して語っているが、これは暴言と言うほかない。初期のレーニン時代のソ連も「人民抑圧型社会」と規定して良いのか、である。それは明らかに間違いである。私はスターリン時代以降なら、その規定は肯定できる。だが、そこまでである。

しかも氏は、１９９０年以前は、ソ連を社会主義国と公言してきたのである。氏はなぜソ連に対するまるで正反対の評価をしたのか、今まで合理的な説明をしていない。説明責任を果たしていないのである。氏は１９９０年以前のソ連評価を全て自己批判したと、日本人に、少なくとも労働者全員にそれを発表しなければなるまい。それをしなければ、新評価も信用できないわけである。かつての氏は、ソ連＝社会主義国論を貫き、１９６０年以前からソ連に疑いを持ち始めた者に対して抑圧的態度を続けてきた人物である。ソ連擁護の急先鋒であった。だからこそソ連擁護から全面否定論に１８０度転換した理由を誠実に述べなければ、誰も氏を信用しないであろう。だがいまだにその声を出してはいない。これでは単なる思い付きで語ったことになろう。それで良いのであろうか。これをきちんと実行しなければ、日本共産党の理論指導者としての立場や信用は、ゼロになるのである。氏は、今でもレーニンは正しかったがスターリンが誤ったと語る。正しいレーニンのソ連を継いだ彼が悪いソ連に激変させたと言う。なぜそうなったのか、氏は合理的な説明をしなければなるまい。だがその説明をいまだに行っていない。

❏唯物論的思考のできぬ不破氏

マルクスは「社会」というものを語る場合、そのような無内容、無責任な言葉の使用は決してしなかった。それとは反対に、マルクス以外の人々は「社会」という言葉を聞くと、「社会とは人間の集まり」とあまりにも分かり切った当然のこととして、その内容を確かめもしなかった。マルクスは「社会とは何か」と問い、人類社会と違う動物社会と比較している。盟友のエンゲルスもそれを論じている。著書『猿の人間化における労働の役割』で人間は外界の自然に手を加えながら頭脳と手の働きを拡大（労働）し、互いに人間を作り合って共同生活をして猿類と決定的に分かれたと語る。

マルクスはこれを「労働を対象化し合う社会生活」という。そこから人間社会の基礎は労働が要因だと語る。従って労働の総過程が「物質的生活の総体」すなわち「経済」と位置付けられたのである。これは単に彼の思い付きではなく現実の人間社会から得られた科学的確認である。このようにして唯物社会論が出来上がったわけである。

これを基礎にして彼の唯物社会構成論が現れる。すなわち『経済学批判』の「序言」の中の文である。そこで定式化した「一般的結論」として、「人間は、彼らの生活の社会的生産において、一定の、必然的な、彼らの意志から独立した諸関係に、すなわち、彼らの物質的生産諸力の一定の発展段階に対応する生産諸関係にはいる。これらの生産諸関係の総体は、社会の経済的構造を形成する。これが実在的土台であり、その上に一つの法律的および政治的上部構造がそびえ立ち、そしてそれに一定の社会的諸意識形態が対応する。物質的生活の生産様式が、社会的、政治的および精神的生活過程一般を制約する。人間の意識が彼らの存在を規定するのではなく、彼らの社会的存在が彼らの意識を規定するのである。」と語る。

これがマルクスの有名な「唯物社会構成論」である。人間社会での社会的存在と意識は無関係なバラバラなものではなく、社会的存在が意識を規定する。社会的存在と意識は同じものではないが、社会的存在の方が意識の土台にあるのである。だから意識は土台〈経済〉の何を表現しているかを、確かめなければならないわけである。

20世紀中、世界の共産党は、またそれに影響された他党派の全てが、この「唯物社会構成論」の重要性が分からず、正しく使うことができなかった。正しく使えずに、一体何を代わりに使ったのであろうか。一つは社会的存在と社会的意識とを機械的に直結して考えることである。これは一見唯物論のように見えるが違う。機械的唯物論思考はマルクスのとは全く違う。

マルクスのは唯物弁証法思考である。弁証法は物事を矛盾関係で捉える。分かりやすく言えば二つのことは、違っているが、切り離せない関係にあるし、その関係は片方が土台として片方を制約する関連にあるのである。二つには欧米日などの先進資本主義国のブルジョア思考である。社会的存在と意識とは無関係にし、ただ自由な判断として考える。先進国全般に普及している〝自由主義思考〟である。

英国の政治学者A・ブラウン氏のと、日本共産党不破氏の思考は同じである。どちらも唯物弁証法思考が全くできないからである。両者は政治的立場は大きく違うが、思考法はブルジョア自由主義思考で共通している。不破氏がソ連を「人民抑圧型社会」と語ったが、ブラウン氏も似たような評価である。スターリン政治はかつてのヒトラー政治と同じなのに、そのようには語らない。ヒトラー政治が軍事的帝国主義（ファッシズム）と言われるなら、ソ連スターリン政治もそれと同じ言葉で規定しなければならないであろう。例えばソ連スターリン期から始まった大軍事パレードはヒトラーのそれと同じである。それを今も無反省に行事化している北朝鮮、中国は政治体制も似てきている。

しかし両氏はそれができない。マルクスの唯物弁証法思考で考えれば、ソ連スターリンのも、ヒトラーと同じ軍事的帝国主義政治〈経済的土台は国家資本主義の拡大と発展〉である。だが両氏はソ連＝社会主義論が頭脳から離れないのである。このように唯物弁証法思考を使わなければ、いつまでも社会の本質を掴むことができないということである。

ドイツ・ヒトラーのナチズム、イタリア・ムッソリーニのファッショ、日本の天皇制軍国主義これらを総称して、ファッシズム〈軍事独裁国家〉と言うが、その共通の経済的土台は後発資本主義の国家独占資本主義である。この3国家は最先進国イギリス、フランス、アメリカなどが19世紀後半から独占資本主義経済段階に至り、それを土台に海外膨張主義〈発展途上国の植民地化、従属国化〉すなわち帝国主義国家に突入したとき、ほぼ時を同じくして国家統一を果たし近代国家を形成し、初めから国策財閥資本と軍事立国（富国強兵）を開始した国である。

不破氏はなぜ、ソ連を社会主義国と認めたのか。1917年ロシア革命をどう評価したのか。氏は『レーニン全集』を詳しく読んだはずである。そこにあるロシア革命を社会主義革命と誤認したスターリンやトロツキーを厳しく批判した文面が直ぐ目に入ったはずである。それなのに記憶に残らないのである。社会主義という先入観がこびりついていたからであろう。理論家として自負を抱いていた氏なのに、先入観にとらわれ、マルクスの唯物史観の科学性が分からないのである。これではマルクスを紹介する資格も能力もないではないか。ソ連を社会主義国と誤った判断をした者は全て、唯物史観を正しく理解しなかった者ばかりである。

その核心部分を念のため引用しておこう。『経済学批判』の「序言」にある。

「社会の物質的生産諸力は、その発展のある段階で、それらがそれまでその内部で運動してきた既存の生産諸力と、あるいはそれの法律的表現にすぎないものである所有諸関係と矛盾するようになる。これらの諸関係は、生産諸力の発展形態からその桎梏に一変する。そのときに社会革命の時期が始まる。経済的基礎の変化とともに、巨大な上部構造全体が、あるいは徐々に、あるいは急激にくつがえる。

このような諸変革の考察にあたっては、経済的生産諸条件における物質的な、自然科学的に正確に確認できる変革と、それで人間がこの衝突を意識するようになり、これとたたかって決着をつけるところの法律的な、政治的な、宗教的な、芸術的または哲学的な諸形態、簡単に言えばイデオロギー諸形態とをつねに区別しなければならない。ある個人がなんであるかをその個人が自分自身をなんと考えているかによって判断しないのと同様に、このような変革の時期をその時期の意識から判断することはできないのであって、むしろこの意識を物質的生活の諸矛盾から、社会的生産諸力と生産諸関係とのあいだに現存する衝突から説明しなければならない。

一つの社会構成は、それが生産諸力にとって十分の余地を持ち、この生産諸力がすべて発展しきるまでは、けっして没落するものではなく、新しい、さらに高度の生産諸関係は、その物質的存在条件が古い社会自体の胎内で孵化されてしまうまでは、けっして古いものに取って代わることはない。それだから、人間はつねに、自分が解決しうる課題だけを自分に提起する。なぜならば、もっと詳しく考察してみると、課題そのものは、その解決の物質的諸条件が既に存在しているか、または少なくとも生まれつつある場合にだけ発生することが、つねに見られるであろうからだ。」と。

（「経済学批判、序言」『マルクス・エンゲルス全集　13巻』7頁上段13行　大月書店）

マルクスがここで何を発見し、語っているのか。人間社会の基礎＝経済における矛盾とその発展法則である。そしてそこにある基礎・土台とは、生産力と生産関係のことである。この経済的基礎における矛盾の様相が、人間社会を決定するのである。

現在の資本主義経済では、生産（力）と生産関係（所有）に特有の関係がある。これを経済的矛盾と言う。基本的に生産は一個人ではなく、複数それも多くの人間〈労働者〉が関わり合い、連続する必要な仕事を分担して組織的に活動する〈分業する〉のである。ではその生産活動の結果〈生産物〉は誰のものか。資本家、経営者、企業（会社）のものとなる。生産物は歴史的〈200〜300年前〉には個人的所有が基本である。だが現在では個人所有とはいっても、企業という集団が一個人と同じ資格〈法人〉で所有する形態が中心である。更にこれを拡大して国営企業集団も一個人と同じ立場となる。つまり生産の社会的形態が始まり発展してきたのである。

今から100年前の1917年ロシア革命当時、指導者レーニンはこの集団化生産を社会主義生産のほんの一歩手前だと判断し、甘い判断をしてしまった。中でも国営企業に重要産業を集めそれらを「管制高地」と称し、共産党政権の監視管理下に置けば社会主義的企業に転化できると誤解した。これは明らかに誤りである。なぜであろうか。ここが重要なポイントである。ここで彼は一体何を誤ったのであろうか。

すぐ前に引用した文の中でマルクスは「一つの社会構成は、それが生産諸力にとって十分の余地を持ち、この生産諸力がすべて発展しきるまでは、けっして没落するものではなく、新しい、さらに高度の生産諸関係は、その物質的存在条件が古い社会自体の胎内で孵化されてしまうまでは、けっして古いものに取って代わることはない。」と語る。「一つの社会構成」とは一般的には「一つの歴史的社会」ということで、「旧社会で十分に発展しきるまでは、次の歴史時代の社会に交代することはない」ということである。これが歴史転換の科学的法則として示している。

このことをレーニンは軽視してしまった。つまり、当時のロシア・ソ連の経済は全く未熟な資本主義経済であり、その未熟なままで、資本主義から社会主義経済へ転換できると彼は考えたわけである。ここが誤りなのである。その未熟なソ連資本主義経済は、そのまま発展するしか必然性はない。資本主義経済として更に充分に発展するしかないのである。従って1930年代のソ連は、国家資本主義経済として発展するだけであった。

そして1930年代は経済五カ年計画を重ねた。その結果いろいろな矛盾や問題がありながらも、高度経済成長を重ね、発展していった。その結果は後発資本主義として拡大し、ドイツ、イタリア、日本に次ぐ帝国主義へと突入していく。スターリンは1939年ヒトラーと独・ソ不可侵条約を締結するまでになった。この条約は表向きとは違い、ヒトラーとスターリンが共同で東ヨーロッパ諸国への支配と侵略を目指す秘密協定であった。それは、ソ連は社会主義ではなく1921年の国家資本主義経済の持続的発展の結果によるものである。ここで世界中の共産党以下世界中の者が、ソ連を「社会主義」と誤って認識したため、誰一人としてスターリン期ソ連を「帝国主義」と判断した者はいなかったのである。

レーニンの有名な著書『帝国主義論』で解明された通り、現代資本主義経済は、大きく発展すれば必ず他国経済支配へと進む〈帝国主義社会へ進む〉。それは自国経済・市場以上の生産力が形成されるからである。その過剰生産力〈品〉の「実現」を果たすためである。要するにソ連は、名称とは全く反対にブルジョア帝国主義社会に転化したのである。これ以降ソ連は、いかなる意味でも社会主義社会ではなく、資本主義の帝国主義社会・国家となったのである。それは1991年のソ連崩壊まで続く。そしていまだにソ連崩壊を「社会主義の崩壊」とか「ソ連型社会主義の失敗」などと唱える者ばかりである。

❏最近、中国への評価を180度変えた不破氏、それはなぜか

不破氏は現在の中国について著書『マルクスは生きている』での評価を全く変えた。つまり中国を「社会主義へ向かっている」という表現から、それとは無縁な帝国主義国と断罪してきた。これには前例がある。1990年頃、それまで半世紀以上も続けてきたソ連＝社会主義国という積極評価から、真逆の「社会主義とは無縁の覇権主義的、人民抑圧国家」と断罪したことがあった。最近またそれと同じような悪評へ転換したのである。ただ前例の時と共通している点もある。それはなぜ評価を真逆にしたのか、理論的に論証をしていないことである。説明責任を全く怠っているのである。従来の判断のどこがなぜ修正しなければならないのか。新たな判断のどこがなぜ正しいのか、一向に説明がないのである。

従来からマルクス紹介の第一人者として自信があるなら、さらにマルクスと同じ思考法で論

証するべきだと私は考えるが、氏はそれすらもやってこない。相変わらず一般的ブルジョア知識人の思考法で考え、評価することをしている。マルクスと同じ思考法とは、どういう方法であろうか。それは唯物弁証法思考のことである。その要点は、『経済学批判』「序言」で示されたものである。再度確認のために引用文の一部を示そう。「ある個人がなんであるかをその個人が自分自身をなんと考えているかによって判断しないのと同様に、このような変革の時期をその時期の意識から判断することはできないのであって、むしろこの意識を物質的生活の諸矛盾から、社会的生産諸力と生産諸関係とのあいだに現存する衝突から説明しなければならない」ということである。

つまりソ連社会を対象にして考えると、その経済的土台を確定し、そこからソ連の政治体制を説明するのである。ソ連の経済的土台は1921年段階では国家資本主義経済であり、その持続的拡大発展した段階＝帝国主義社会が今現在である。それは労働者が生産管理する社会主義経済では全くない社会であり、国家資本を中心に共産党政府がソ連全体の労働者を搾取し抑圧する社会であるということである。だからソ連社会は、「人民抑圧社会」そのものである。科学的に（唯物論的に）分析すると、このようになる。この国家資本主義経済は、レーニンが1921年に確定して以来全ての自称「社会主義国」で一貫して連続し発展してきた経済である。全く一日たりとも社会主義社会ではなく、発展途上の資本主義経済社会であったのである。これこそがソ連社会の本質分析〈科学的認識〉である。

❏マルクスの唯物論は「常識」と言うが、社会問題ではまるで違う

著書12頁以下で唯物論は今では常識だと言う。もしそうならなぜマルクス理論が今まで何度も無視されたりして、今やっと生き延びているのか。厳密な概念規定と論理で築き上げられたマルクスの理論は、恣意的に勝手に曲解され続けてきたから、世界中に理論の混乱が蔓延しているのである。20世紀中のみならず、21世紀の今でも変わらずそれが続いている。まさに不破氏自身がその曲解をやって見せているではないか。氏の著書では自然科学分野でのみ、「常識」論の例を挙げているにすぎない。しかしマルクスの科学理論はとりわけ社会分野、その歴史分野でこそ重要であり、しかも突出している。何よりもそれらの分野で曲解や歪曲が蔓延しているのである。

例えば、スターリン、トロツキーらによってロシア1917年革命が「社会主義革命」と誤規定され、共産党が愚かな宣伝隊となって世界中にそれが広められ世界中の常識とされた。また、世の中の一部には中国などが社会主義へ向かいつつある国と言う人もあるが、それは明らかに間違いである。今の中国はそれどころか、資本主義的帝国主義国家でしかない。アメリカに次いで覇権主義的帝国主義国である。現在の中国の政治、軍事、経済社会は、まさに新帝国主義国であることを証明している。強権政治、空母などの相次ぐ建造、国境拡大、資本の拡大や流出など、どれを見ても新たな帝国主義段階に到達している。これに続いているのが、ロシア、インドなどである。いずれも新帝国主義国である。つまり20世紀の旧帝国主義諸国〈米、

英、仏、独、伊など〉と新帝国主義国〈中国、ロシア、インドなど〉との対抗と拮抗が現在の国際政治の中心である。これらがどのように再編へ向かうのかは、まだ分からない。ただ明確なのは、これら有力大国は他国より抜きん出るほどではなく、かつ地球規模の諸問題を解決できるのでもなく、諸問題がずるずると持続するだけであることは、自明である。地球全体がぬるま湯に浸かったような頽廃が広がりつつある様相である。このようないわば倦怠状態からどのように抜け出るのかが、次の問題である。

全世界の経済的土台は、単一の資本主義経済でしかない。この経済の上にある社会で暮らしている人間は、この経済に縛られた考え方をしてしまうのである。マルクスの言葉で言えば資本主義の「物質的生活」の中で働き考えるからである。この生活で慣れた考え方がいわゆる一般に常識論と言われるものである。この常識には意識して考えればある程度違う考えをすることはできるが、それはかなり努力しなければできない。だから今の社会で普通に真面目に暮らしながら考えることが常識論なのである。

この資本主義経済は、商品経済とも言われている。何千年も前から始まり続いてきた商売行為（商品経済）の完成形態である。ここでの意識とは商取引的意識である。目の前の商品を値踏みして価値を判断する売買行為である。これが常識的判断である。これを基礎として人間社会の事柄についても考える。つまり目の前にある事実を集め、その資料を吟味すること、そこにある共通したものをまとめること、これである。その事実の背後にある本質や法則の探究には進まない。この思考方法を学問用語で言えば「社会学的思考」法である。この方法は確かに事実に基づいてはいる（空想ではない）が、それ以上ではない。

例えばこの「社会学的思考」法をソ連について応用してみる。「ソ連とは何か」と問えば、ソ連についての言説や資料などをたくさん集め、それをまとめることで、ソ連とは何かが分かるわけである。少なくともまとめられる。ところがこの作業をしてもソ連について納得のいく認識には程遠い。それは時間的にはある一時期の側面、空間的には一部分の知識でしかなく、今現在の全側面の事実を知ることはできないからである。この常識的＝社会学的方法では社会の本質は解けないと言ってよい。この方法は、例えばソ連観光旅行の資料集めくらいならばできるであろう。日常の簡単で小さな目的に、あるいは限定的な課題には役立つ程度の仕事だからである。だがこの方法では、事柄〈ソ連〉の本質はわからないのである。社会の本質を知りたければ、どうしてもマルクスの唯物弁証法でしか知り得ないのである。まさにそれこそが科学的思考法だからである。それとは反対にアメリカ的な「プラグマチズム」思考法〈一般に実用主義と言われるもの〉が20世紀においてアメリカが世界の№1になるとともに世界中に流行するようになったのである。

実は100年前、1917年ロシア革命が起き、その結果を何と規定したら良いのかが、大問題になったのである。当時革命の中心組織のボルシェビキ（多数派）はロシア革命を社会主義革命と規定した。スターリン達である。そしてトロツキーも同様である。この規定がその後全世界に広められ、今でもこの規定がどこでも使われているわけである。世界中の歴史書や辞書を見れば分かる。だが世界中が見逃していることがある。それは『レーニン全集』を見れば一目瞭然である。そこにはレーニンがその規定を厳しく批判し非難したことが書いてある。ロシア革命は社会主義革命ではない、経済的に遅れた農業国ロシアだから、それは全く誤りであると。まだ民主共和（独裁）国家だと断言している。だがこの誤った規定を世界中が鵜呑みにしたのである。そしてスターリン時代以降のソ連を社会主義国それも社会主義圏の代表とみなしたのである。

ソ連社会の経済的土台は何か、それに伴う政治体制は何か、スターリン期にはそれらがどのような歴史的変化があったのか、それを共産党政権はどのように捉え語ってきたのか、唯物弁証法を使って研究しまとめると、ソ連は拡大発展した資本主義（国家資本主義）による後発「軍事的帝国主義」と指摘すべきである。ソ連は「社会主義国家」では全くなく、ソ連崩壊も同じく社会主義社会の崩壊ではなく、後発帝国主義国家の崩壊と規定すべきである。これが唯一の科学的結論である。

❏欧州の「ルールある資本主義」を美化して良いのか

氏は、「ルールある資本主義」で労働者が守られるものと語るが、これもおかしい。この「ルール」が単なる話し合いで出来たかのように語っている。それは違う。ヨーロッパでは労働者の闘いが19世紀から続き、強い労働運動によって資本家側が妥協を強いられてきた。その結果、日本の労働条件より少し労働者に有利な点がある。ところが氏は、労働者の果敢な闘いで勝ち取ったものを、まるで資本家と労働者が話し合いで合意したかのように語る。労働者の大きな力こそが資本家にある程度妥協をさせたのである。これを語らぬ氏は労働者に対する裏切り者である。これが日本共産党を指導した、理論的指導者のやることなのである。そもそも日本共産党はその結成以来今現在まで一度も「労働者の党」と言ったことがない党である。

彼らは今何と呼びかけているのか。「国民本位の政治」である。この「国民」と言う言葉もいい加減である。不破氏は労働者と言わず、国民の中の一部として労働者を相手にしているのである。では労働者以外に誰を含めているのか。中小企業者や農民などである。氏はなぜ労働者と農民や中小企業者を一まとめにするのか、大企業に苛められているからである。ところが、労働者とそれ以外の人達との決定的違いを氏は分からないのである。マルクスの唯物論的思考が氏には全く分からないからである。マルクス理解と紹介では日本№1を自負する者が唯物論的思考が分からないとは！　しかも唯物論は「常識だ」とも言っているのである。

評論4

社会主義理論学会へ マルクス科学理論からの明らかな逸脱

学会編『二〇世紀社会主義の意味を問う』(1998年　御茶の水書房)

私は貴社会主義理論学会編『二〇世紀社会主義の意味を問う』及び『資本主義の限界と社会主義』を読んだ。貴会や日本共産党などは、かつてソ連を「ソ連型社会主義」と呼んできた。他にはそれを「現存社会主義」と言う集団もある。どちらもソ連を社会主義と呼ぶことに何ら疑問を抱かずにいる。では、それがなぜ社会主義なのか答えていただきたい。

なぜ、このような問いをするのか。それは諸君ら知識人層は、いわゆる玄人集団であるにもかかわらず、日常使用している用語の概念内容を厳密に確認もせず、論述を続けるきらいがあるからである。一体20世紀の革命や独立運動の中心的担い手が、自らを社会主義とか共産党などと名乗ったら、それだけでその国が社会主義とか共産主義になるわけではあるまい。だがこんな幼稚なことが「1917年ロシア革命」ごろから流行し始めたのである。

『共産党宣言』でのマルクスの社会主義とは何であったのか。あくまで「労働者社会主義」である。これがなぜ問題なのかと問う者もいるであろう。「ブルジョアとプロレタリア」とは何のことであろうか？　「資本家と労働者」であるということは、一国内で最重要な社会的対立、つまり多くの資本家と多数の労働者が対立し対峙するということは、まだ未熟未発達の資本主義経済ではなく、発達した資本主義経済の下でしかこれは現実化しないのである。１８４８年当時成熟した資本主義経済と言える国は、イギリス、フランス、アメリカぐらいしかない。世界の圧倒的多数の国はまだ近代以前の発展途上国や農業国でしかない。それらの国では働く者とは、圧倒的に農民であり、労働者などほとんど存在すらしていない状況である。このように資本主義経済社会は当時ではまだ世界ではごく一部に限られた存在であり、せいぜい西ヨーロッパとアメリカの狭い範囲を指していただけである。それにもかかわらずマルクスの近代社会という時代認識がいかに鋭いかが分かる。この『宣言』を読んだ人の多くが、内容にピンとこないのがむしろ当然であったであろう。この『宣言』発表から１５０年後の１９９８年でさえ、国内で資本家と労働者との対立が実感できる国・地域はどれ程あったであろうか。ようやく中国やインド、南アフリカ、ブラジルなどいわゆる「新興工業国」においてであろう。中国でさえマルクスの『共産党宣言』が広く国民や学生に紹介されていないのである。共産党を名乗る政党が政治権力を握っている中国でさえそうなのである。

『共産党宣言』の項目「三」に、マルクスの科学的社会主義と労働者〈革命主体〉論とは異なる社会主義論がいくつか紹介されているが、そこでマルクスは何を指摘したかったのか考えてほしいのである。この点を世界中のマルクス研究者が全く見落としてしまった。そして20世紀後半に至って問題になったのは毛沢東に代表される「農民的社会主義」についてである。マルクスはこの農民的社会主義論を自分の科学的労働者社会主義とは全く異なるものとして論じているのである。

結局、1917年ロシア革命以降、この二つが曖昧にされて広められたのである。マルクスは直接、農民的社会主義という字では書いてはいない。一般的に「小ブルジョア社会主義」と書いてある。彼は他に「ブルジョア社会主義」を書いている。「小ブルジョア」とは大規模工場〈企業〉よりも劣る中・小規模の生産者のことであり、農民の社会主義がこの中に含まれている。農地という生産手段を所有〈保有〉しているからである。農民と言っても当時では貧乏な貧農が圧倒的多数である。特にロシアで「ロシア革命」以前の19世紀から、農民が革命的闘い「ナロードニキ運動」を始めたのである。彼らと労働者とが合流して近代社会建設へ向かったのである。

ロシア革命を詳しく見れば、革命的大衆は圧倒的に農民であり、労働者はごく少数でしかなかった。当時のロシアはようやく封建時代末期に至り、わずかに資本主義経済が登場しつつあったからである。その革命政権はレーニンがトップだったが、労働者社会主義者と言われる指導者は彼以外にはほとんどいない。スターリンなどの農民出身の活動家、指導者がほとんどであった。つまりレーニン政権は農民に支持されてのみ成り立つ革命政権にすぎなかったのである。ちなみにこの政権が革命成功後、最初に打ち出した政策は農民保護策であった。このことからもロシア革命やソ連をどのような社会なのか、詳しく科学的に分析する必要があるし、ロシア革命とはどんな革命なのかを検証しなければならなかったのである。

『レーニン全集』では革命直後について、それを社会主義革命と規定したのは、レーニンではなく、スターリンやトロツキーらであったことが分かる。これをレーニンは全く違うと厳しく批判したのである。彼は革命で誕生したのは、「革命的民主共和国」であると語っている。社会主義社会ではないと。ロシア社会主義はこれから目指す対象だとレーニンは語っている。但しレーニンが正しいのはここまでであろう。その後１９２４年の死去に近づくにつれて、マルクス唯物史観から逸脱し始めるのである。

貴会の『二〇世紀社会主義の意味を問う』の「第一部　シンポジウム」で「ソ連経済の経験とこれからの社会主義」の論者である伊藤誠氏の語るところを見よう。氏は「とくにマルクス主義はそれ（資本主義経済に対する批判的解明：引用者）を方法論的に明確化し、資本主義経済の体系的で理論的な考察により社会主義の科学的基礎をあきらかにすることを重視してきました。」（54頁）。そして「二　ソ連型社会主義の成果と限界」（60頁）で「私の理解では、ロシア革命に続くソ連型社会が、マルクスの思想と理論に依拠しながら社会主義経済秩序を実現しようとしたことは認めて良いのではないかと思います。」とも述べる。そしてソ連などは「歴史的条件と課題に制約され、大きな歪みをもともなっていた。」（60頁）と語る。この語り方には矛盾がある。ここでの「制約」や「歪み」の論じ方は、マルクス的ではなく、ブルジョア社会学的である。

氏は先ず、「社会主義の科学的基礎」と言うが、それは何なのか。学問的用語を使ってはいるが、その概念内容を明確にしていない。「科学的基礎」とは何か、何も語らない。これでは内容が分からないではないか。「明らかにすることを重視してきた」とは言うが、何も明らかにしていないのである。これでは言葉遊びばかりである。氏は経済学の専門家である。特に『資本論』の専門家である。氏は「ロシア革命に続くソ連型社会が、マルクスの思想と理論に依拠しながら社会主義の社会経済秩序を実現しようと努力した」と語るが、果たしてそうであろうか。では当時のソ連の誰がそうしようと語ったのか、レーニンなのか、スターリンなのか、はっきりしていない。この二人の指導者は考えが同じなのか違うのかも、はっきりしていない。彼らが「マルクスの思想と理論に依拠」したのならば、ロシア・ソ連に「社会主義経済社会」が実現するであろうか。大いに疑問である。疑問以上に全く実現しないのである。それはマルクスの唯物社会構成論と唯物史観を無視しなければ、そんなことは言えないのである。言えない以上に実現もし得ないと言うべきである。ここで氏が語る「社会主義を導き出す科学」とはいかなることか。これも明言せず、確かめようともしていない。

❏「剰余価値生産」とは労働の搾取

エンゲルスが、マルクスの唯物史観と剰余価値の発見によって社会主義は科学となったと語っている。この剰余価値という単語は広く知られている。これは資本家の利潤・資本の源泉である。しかしこれを誰が創りだすのかまで論じる者はいない。他方で「搾取」という単語も多くの人が知っている。これを正しく説明する解説者もいない。そもそも「剰余」とは何か、何かのもの以上に多く余った価値とは何か、その何かのものとは、労働者の給料以上のものである。その〝以上のもの〟はどこから出てくるものなのか。労働者の実際の労働からである。しかもその実労働には1円も払われていないのである。この泥棒同然のことを資本家や経営者が行っているのである。

これをエンゲルスは「資本主義的生産の秘密の暴露」と語っている。そしてこれを搾取と呼んでいる。資本家は労働者の労働力を搾れるだけ搾ろうと労働強化を進める。しかもそれにたったの1円も払わないのである。労働者はこの搾取地獄を廃止しなければ人間らしい自由の身になれないのである。だからこれをマルクスは「賃金奴隷」と規定したのである。人類は6千年前から始まった奴隷制度をいまだに廃止してはいないのである。だからこの最後の奴隷制度を廃止する闘いが労働者の社会主義への道であり、これが労働者の人間解放の道なのである。

ところが驚くなかれ、20世紀において社会主義国と言われ、宣言していた国々は、どの国にも現代労働者がほとんど社会に存在し登場していなかったのである。労働者がいもしないのに社会主義国を名乗ってきた。当時一番先に社会主義国を唱えたロシアでさえ働く者の圧倒的多数は農民であって、労働者はごく少数でしかなかったのである。このように歴史の現実に社会主義を実現できる条件がないのに、社会主義を名乗るとは、実にいい加減である。だからこそ、ロシア革命をスターリンやトロツキーらが〝社会主義革命〟と規定したことに、レーニンは直ちに社会主義革命ではないと、厳しく批判をしたわけである。ロシア経済は国家資本主義であると。にもかかわらず、レーニン死去後、スターリン政権はロシア革命＝社会主義革命論を世界中に宣伝した。その結果それが世界中の常識とされてしまったのである。発展途上国ロシアは、圧倒的多数の農民に支持されて成り立ったごく少数派労働者のレーニン政権として誕生したに過ぎない。彼はこれを「革命的民主共和国」と名付けた。従ってレーニンの死去と共に労働者的側面が政治権力から薄れていったのである。

スターリンはそれをどのように行ったか。それは「レーニン崇拝＝神格化」としてであった。モスクワ〝赤の広場〟に「レーニン廟」を設置し、マルクス以上の全能者としたのである。これが「マルクス・レーニン主義」と呼ばれたわけである。明らかにマルクスの科学的労働者社会主義とはまったく違うものである。残念ながら、それがいまだに常識とされているのである。ソ連が〝最初の社会主義国〟だとする誤りがいまだに続いているのである。人間の社会やその歴史を科学的に捉え、分析することが、いかに大切かが分かる。マルクスの労働者社会主義建設の道はこれから始まるであろう。

労働者の皆さん、20世紀の間違った社会主義圏規定を否定し、マルクスの「科学的労働者社会主義」を身につけて前進しようではありませんか！　そのためには20世紀中の誤った理屈は、社会主義とは何かだけではなく、様々な点にもあるので、それらを一つ一つ正す必要があるのです。

❏トロツキーによるスターリン体制批判の欺瞞性

前項でロシア革命の性格をトロツキーとスターリンが社会主義革命と認識したことを、レーニンは厳しく批判したと述べた。ここでトロツキーとは何者か、知らない人が多いと思う。簡単に言うと、レーニン政権で軍事人民委員という重要ポストに就いていた人物で政権内でレーニンに次ぐ№2と言われていた。１９２４年にレーニンが死去。その後政権トップに誰が就くかの争いになり、スターリンとトロツキーが浮き彫りにされ、スターリンによって先ずトロツキーが排斥され、彼は国外追放となり、外国に亡命したが、彼はスターリン批判を続けた。国際的にもトロツキーを支持する者もいたが、１９４０年メキシコの街頭で暗殺された。

特に日本では、１９５３年スターリンの死後から大学生を中心にトロツキー支持者が増えた。それはスターリン・ソ連を擁護してきた日本共産党への批判勢力となり増え続け、学生運動内では多数派を形成するまでになった。スターリン主義＝共産党に対する激しい批判を唱え、いわゆる「新左翼」諸派と言われるようになった。

「第二部　論文」の中のトロツキー説をベースにした上島武氏の論文「ソ連とは何だったの

か」（85頁）について一言述べておこう。氏らはソ連の官僚主義的腐敗をよく指摘する。トロツキーがスターリン時代のソ連を手厳しく批判したことは有名である。その特徴はソ連＝「官僚主義に歪められた労働者国家」論である。

ところがこのあまりに有名な「官僚主義に歪められた労働者国家」論に対してはほとんどいや誰も問題にしてこなかった。いわば最も鋭い批判と受け止められていたからである。だが、ここにこそ問題があるのである。官僚主義が蔓延するということは、一体何を語っているのだろうか。それはソ連が労働者国家〈社会主義国〉ではない、ということを示しているのである。ここにトロツキーの錯誤がある。社会主義国ならば官僚主義ははびこらないし、むしろそれは消滅していくはずである。

ここでもブルジョア社会学とマルクス唯物論科学との決定的な違いが現れる。社会学では人の言説にはほとんど疑いをかけない。スターリンがソ連を社会主義と規定すれば国際社会は社会主義だと受け止め、それ以上は疑わずに、具体的な問題になってから、疑問を抱くようになる。例えば官僚主義と言えばそれは政治的・経済的社会によく見られる現象である。その政治上の現象を多く集め、そこに共通した側面をまとめると、結論が導かれるわけである。これで一応の分析が終了するわけである。だがこれで官僚主義の本質が発見されるのだろうか。それが問題である。一体官僚主義とは世界史のいつごろから、なぜ現れたのであろうか。これに答えなければ、その本質が見えてこない。

1万年以上前の原始時代に官僚主義はあったのか、もちろんなかった。では次の古代ではどうか。政治行為が始まったのはこの時代である。社会が支配者と被支配者とに分裂し始め、支配者層には軍事力と富が集中し、強大な政治権力が登場してきた。この支配、被支配関係に人間社会が分裂する。ここから支配者に従順な行為が定着し上位下達が習慣化する。これが官僚主義の始まりである。つまり政治支配の結果である。従って、政治過程の登場と同時に官僚主義が始まる。これが官僚主義の本質である。支配者に従順であれば富も社会的地位も得られ安泰である。官僚主義は政治支配の裏面であり、反対に言えば、政治支配が消滅すれば、官僚主義も消えるのである。

ということは、官僚主義が消えず、広く現存する社会とは、社会が分裂していること、すなわち階級社会であることを証明している。それは社会主義社会ではないということである。従ってトロツキーの「労働者国家」を社会主義国家と言い換えれば、労働者国家には官僚主義は存在し得ない、少なくとも消滅しつつあるのである。ソ連社会での官僚主義は無視できないほどの規模で現存しているからなわけで、それ自体が労働者国家規定を否定している。官僚主義に歪められた国家は社会主義国家ではなく、それ以前の資本主義社会であると規定すべきである。

1921年の春にレーニンは党大会でソ連社会を国家資本主義経済と正しく規定した。にもかかわらず、スターリンは強引に社会主義規定を押し通した。まさにそれが誤りの始まりである。ソ連は国家資本主義経済社会であり、しかもまだ未熟な未発達の資本主義経済でしかなかった。更にマルクスの唯物史観によれば、未熟な資本主義経済は必ず、より発達した資本主義経済へしか進展しないのである。その資本主義経済が十分に発展し成熟しなければ、現実に社会主義経済へと転化できる現実条件が現れないのである。

科学的分析では現実の条件がなければ、法則が見えないのである。科学とはそういうものである。人間社会の発展は経済過程の中に矛盾があり、その展開によって基本的な変化と発展があるのである。この唯物弁証法的性格を社会の中に発見することなくして、本質を正しく発見することはできない。この科学的発見を20世紀中のマルクス主義哲学者や支持者のすべてが分からなかったのである。従って当然にこの法則も無視されたままであった。

トロツキーのスターリン・ソ連批判がいかに厳しくとも科学的に正しく暴露出来なければ有効な批判にはならない。トロツキーや上島氏の議論には科学的暴露が不十分であると言わざるを得ない。トロツキーや上島氏に限らず「マルクス主義陣営」でも、本質論抜きの議論が20世紀中横行してきたのである。貴会は「社会主義理論学会」という立派な名を冠している。だが残念ながらマルクスの科学理論を身につけているとはとても思えない。上島氏は、「ソ連とは何だったのか」の中で、さまざまな国家資本主義論を批判していると語る〈88頁〉。だが批判として挙げている幾つかの点は、自己矛盾している。例えば「国有化されたソ連の生産手段は資本としての機能を発揮していなかった。それは資本としての自己増殖機能を展開せず……」

（88頁）と語る。しかし他方で「国民生活は顕著な改善を示した」（87頁）とも語る。国民生活が改善を示したなら、当然に国家資本は「自己増殖」したわけである。1920年代後半から30年代は経済成長を続けたことは明白な事実である。誰もこれを否定できまい。

もちろんソ連は国家統制下であるから、私的資本形態より大きな矛盾、制約、歪みがあったことは確かである。だがそれらがあったから、「自己増殖」しなかったと言うのは、事実を否定することである。経済成長を続けたなら、それは（国家）資本の機能発揮を意味する。1930年代の高度成長の結果は、資本の大増殖を示している。氏は自己の固定観念に囚われて現実を否定している。更に氏はソ連には「賃労働」がなかったかの語りをしている。ソ連経済は発展している。その発展は誰の仕事の成果であるのか。労働者の働きの成果であろう。これ以外にはあり得ない。氏は何を見ているのか。事実や現実の中にその原因を発見する科学的思考が氏はできないのであろうか。

❏スターリン時代前期の評価　経済成長と〝粛清政治〟の同時進行

経済高度成長と政治的専制（粛清）の同時進行がこの時期の特徴である。一般にこの期のことを、経済高度成長「善政」と専制政治「悪政」とにバラバラに論じ、統一的に論じられない。そこで何が問題なのか。そこでなぜ、相反する政策が同一人物から同時になされたのかである。まず何回もの経済五カ年計画実施である。これによってソ連は高度経済成長を成し遂げた。しかし半面で、有力政治家、人物が次々と粛清され暗殺されていく。この両面を合理的に説明できないのである。

次にスターリンの政治・政策は何かである。前政権の指導者レーニンは、革命前からロシア革命で登場する政治権力が持ちこたえるには、先進西ヨーロッパ諸国が、社会主義革命成功後、ロシア革命政権を支援してくれなければ、不可能であろうと語っていた。その西ヨーロッパが第一次世界大戦後、1920年ごろには労働者革命は不成功に終わった（ドイツなど）。そこからレーニンの苦悩が深刻となり、1922年から病に度々伏し、1924年に死去した。ソ連国家資本主義経済はこの間着実に進展していく。

スターリン新政権頃には富農すら登場してくる。こうして農民が経済的自立を始め、革命政権から離れ始めていく。

国内外における困難を前にして、スターリンの取った政策は、国内では悪名高い「農業集団化」をはじめることであった。共産党権力の下に組織する農業統制策である。そして弱体経済の自立化である。国際的に帝国主義列強に挟まれた独立したばかりの発展途上国が国内を引き締める政策は共通して軍事独裁政権である。スターリン期のソ連は、国内においても圧倒的多数の農民の政権からの離脱を食い止めなければならない。それが農業集団化政策である。そして経済五カ年計画の続行である。この国難に対しては、いかなる異議や異論を許さぬ姿勢を示すこと、それが稀に見る専制統制策〈個人独裁〉＝粛清であった。こうして経済成長と長年かつ大勢の粛清が行われたのである。

ソ連はその結果どのような社会・国になったのか。スターリン・ソ連共産党はそれも社会主義の発展と語る。これがスターリンの時代錯誤である。正しくはソ連・国家資本主義経済の大発展＝帝国主義への転化である。レーニン著『帝国主義論』にある通り、大きい資本主義経済が持続的に発展すれば、必ず帝国主義段階に至り、弱小国を支配するようになる。こうしてソ連は、帝国主義国家に変身する。それも後発帝国主義は先進帝国主義国に対向する軍事的帝国主義国となる。だから1939年にヒトラーと帝国主義条約＝独・ソ不可侵条約を締結したわけである。これはヒトラーとスターリンが東欧諸国を分断支配する秘密条約であった。このような分析は唯一マルクスの唯物弁証法でしか正しく解明されないであろう。

第二次世界大戦でナチス・ドイツは敗北し、東欧諸国全体を支配したスターリンは、「衛星国」（事実上の植民地）として君臨した。陰謀政治で共産党などを名乗る政権を設け、社会主義社会の拡大発展であるかのように偽造した。だがたちどころに国民的反抗を受け、動揺が絶えなかった。ソ連軍による介入はますます効果を薄め、統治不能の状態へ深刻化していき、東欧支配体制がまず崩壊した。そして1991年にソ連そのものが崩壊したのである。このソ連崩壊は世界中で「ソ連型社会主義の崩壊」と言われ、社会主義そのものの崩壊であるかに受け取られたのである。

マルクスと同じように科学的に社会を捉えれば、スターリン時代以降のソ連は最後まで軍事的帝国主義国であったし、その崩壊であったのである。決してソ連型とか何らかの社会主義社会の「崩壊」ではない。ただ本当に残念なのは、世界中が科学的にソ連社会を分析することができず、ソ連政府当局、共産党の言うままにソ連崩壊が「社会主義社会」の「崩壊」と誤認されたことである。

上島氏は「ロシアでは社会主義建設に必要な全てが」備わっているが、「文化だけない」状況〈96頁〉だったと言う。氏はマルクスの言う社会主義への物質的条件とは何かを確かめもしないで、「必要な全てが」備わっているなどと空文句を並べている。これは1925年にスターリンが語った言葉である。マルクスは「社会主義への物質的条件とは、発展し成熟した資本主義経済がその矛盾を顕在化させつつ拡大し、生産関係〈おもに所有制度〉が生産力の更なる拡大に順応せず、徐々にブレーキになっていくことによって、桎梏となる事態の発生となることである」と説く。当然に経済成長は衰えていく。これらはどれもソ連には存在もしていない。今のロシア連邦は、中国、インド、ブラジル、南アフリカとともにBRICs（新興工業国）として発展途上にあるにすぎない。成熟した資本主義経済社会とまでは言えない段階である。まして社会主義への主体的条件である組織力ある圧倒的多数の労働者階級の存在もいまだしである。つまり上島氏の言説とは反対に、社会主義への基本条件もないのである。「すべての物質的条件」が備わっているなどとは、嘘八百だと言うべきであろう。

❏第二次世界大戦の特徴とは何か

ソ連は、大戦時にはどんな国であったのか。これは重要なことである。共産党に限らず貴会からも「ソ連＝帝国主義国」論が全く聞こえてこない。貴会は20世紀を過ぎても、ソ連型社会主義国という誤謬を訂正していない。マルクス唯物弁証法で分析すれば、第二次世界大戦時のソ連は、押しも押されもしない帝国主義国家である。従ってこの大戦は帝国主義国家同士の戦争である。ところが世界中では民主主義陣営と独裁国家群との戦争とか、米英仏ソ（＝連合国家）対独伊日（＝枢軸国家群）の戦争とか規定しているが、この戦争の本質が語られていない。この戦争の本質はそのどちらも帝国主義国家群である。要するに第二次世界大戦は帝国主義群同士の戦争であった。これが唯一の正しい認識である。なぜならソ連は明らかな帝国主義国家であったからである。従ってこれらすべての帝国主義国家は今後は廃絶されるべき国家ばかりである。それが社会主義社会への道筋である。それを実現できるのは世界の労働者階級のみである。これをマルクスは「万国の労働者よ、団結せよ！」と１８４８年『共産党宣言』で呼び掛けたのである。マルクス・エンゲルスの先見の明は見事である。これこそが唯物弁証法思考〈＝科学的認識〉の正しい結論である。

マルクスは人間社会とその歴史過程に科学的分析を歴史上初めておこなった人物である。しかし彼は人間社会の歴史的変化の本質論解明だけで生涯を閉じた。だがその後１３０年以上もこの科学論が世界中に共有されず、マルクス・エンゲルスに続く科学者が現れなかったのだ。

そして20世紀は、世界でマルクスの科学的社会主義理論が、好き勝手に改ざんされた1世紀であった。21世紀初頭の今でもその悪影響が続いている。その改ざんの例は枚挙にいとまがないくらいたくさんある。今まで私はそれらの中から、重要なもの、典型的なもの、見逃すわけにはいかないものに絞って、一つ一つ正してきたが、さらに続けていこうと思う。

❏第二次世界大戦後の「東西冷戦時代」の本質は何か

先の大戦で勝利した「連合国」側は、その後どのようなことを行ったのか。それは文字通り帝国主義支配を拡大したのである。アメリカは中南米から南米において発展途上国を従属化し、地元の領主や金持ちと共に農民への抑圧や支配を強めた。イギリスはアフリカの多くの地域を支配し、地下資源を手に入れ、フランスはアラブから東南アジアにかけて支配した。ソ連は東欧全体を植民地化（衛星圏と称した）した。このように多くの発展途上国が戦勝帝国主義国に支配されていった。この過程からアメリカを中心とする〈西側〉とソ連を中心とする側が対立する形となり、「東西冷戦」と言われた。アメリカ側はソ連側を「社会主義圏」と錯覚し、対立を強めていった。この「東西冷戦」はソ連の崩壊（1991年）で消滅した。だが「東側」というのは、全く「社会主義」圏ではなく、正しくは「国家資本主義圏」（国営企業の多い未発達の資本主義経済国）というのが科学的には正しい。このように「社会主義圏」と言うのは、社会主義の現実的実態もありもしない単なる空想上の名称でしかないのである。この偽社会主義国の自称は、もっぱらソ連共産党が中心となって作り上げた空論でしかないものである。

従って、「米ソ冷戦時代」のことを、資本主義圏と社会主義圏との厳しい対立と対峙時代と言うのは、全くの誤りである。では正しくはどう規定すべきであろうか。アメリカを中心とする側は「国家独占資本主義経済」＝主に帝国主義諸国圏と言うべきであり、ソ連を中心とする側は、帝国主義国となったソ連を盟主とする「国家資本主義経済」圏とするべきである。実態はどちらも基本的には資本主義経済の今日的形態の違いでしかない。つまり、20世紀の「社会主義国」は、何らその実態のない虚偽体制であり、「米ソ冷戦」も同様に「虚偽対立構造」でしかない。

上島氏が、最後に語っているのが、貴会の空想的諸議論の象徴であろう。「ロシア革命とソ連の経験の総括によって、少なくとも次のことははっきりとしている。社会主義をいかに建設してはならないかと。」（１０６頁）。氏は、これが世界中の50億の労働者に語るべき言葉でないことが全く分からない。氏は、ではソ連はどのような国家・社会を造ればよかったのか、何一つ語っていない無責任論である。これを読んだ労働者は、ますます社会主義について嫌気が差すしかあるまい。一体諸君ら知識人どもは、誰のために考え、責任を負っているのか。上島氏がやるべきことは、こんなことを書くことではなく、ソ連を弾劾したいのならば、誤ったソ連がなぜ必然的に形成されたのか、それを論証し実証することであろう。貴会の全てのメンバーは、ソ連の官僚主義の害悪は知っている。ならば貴会の全力を挙げて官僚主義を研究するべきである。そしてその撲滅をどのように果たせるのかを語るべきであろう。それがマルクスと同じ立場に立つことになるであろう。

マルクス・エンゲルスはまさに人間社会とその歴史過程に科学的判断を持ち込み、それを駆使した歴史上最初の人物であった。唯物論的判断すなわち唯物世界観、唯物社会構成論、唯物史観そして弁証法論理学、これを一体のものとして扱った。つまり人間社会とその歴史の本質を見極めるには、この方法しかあるまい。その上で個々の分野において、そこに固有の矛盾を発見して補足する必要がある。上島氏は、105頁で「ソ連の崩壊が西側世界における社会主義運動、それどころか労働運動にもたらした否定的影響は決定的である。」と語るが、氏自身がその「否定的影響」を更に拡大し、長引かせることしかやっていないではないか。労働者に対して社会の真実を語るのではなく、氏はその邪魔をしているだけである。

評論5

池上彰氏へ警告する
大学における風評論だけの惰性的社会主義講義

著書『戦後70年　世界経済の歩み』（２０１５年　ＫＡＤＯＫＡＷＡ）

この本は、愛知学院大学での講義を書籍化したものだそうである。大学での講義なら少なくとも学問的な内容であろうと思い、買ってみた。だが、期待は直ぐに裏切られてしまった。ここには彼が自分で研究した形跡があるだろうと探したが、皆無であった。特に「LECTURE 7　社会主義の失敗と教訓」にはこう書かれている。「東西冷戦の〝東側陣営〟は、ソ連を中心とした社会主義諸国でした。ソ連崩壊をもって終わりを迎えます。社会主義はなぜ失敗したのか？　その教訓を学びます。」と。

読者はこの前文には誤りがいくつもあることがお分かりであろう。池上氏ともあろう方が、なぜこのような駄文を書くのであろうかと、目を疑う人もいるであろう。ところで、私はかつて２０１１年6月8日付で氏に対して評論文を郵送している。氏著『高校生からわかる「資本論」』への評論文である。これは7年も前のものであるので、そのままではなく少し書き加えることにした。もちろん趣旨は変わらない。

はじめに、私は氏の著書をつい先日読ませていただいた者である。マルクスの社会科学・歴史科学理論を分かりやすく若者に紹介することは、大変良いことである。10年前アメリカから始まった先進資本主義経済の矛盾が噴き出し、金融危機から全般的恐慌となり、それが長引くとともに、大量失業の常態化、給料ダウンが続き、福祉政策の縮小など、労働者の立場、生活がますます追い込まれていくばかりである。当然のことながらマルクスがまた注目されてきた。その中でも『資本論』の一般的解説本が書店で目につく。私はその内容に今は細かく注文を付けるつもりはない。それよりもむしろ、その概略が広く知られることの方が、意義があると思うからである。

ただ、この本で触れられている他の論点については、どうしても提案しないわけにはいかない。それはマルクスの社会（構造）論及び唯物史観についてである。特にその現実への適用である20世紀ロシア革命以降の〝社会主義〟諸国についてである。

❏20世紀〝社会主義圏〟とは？　実態は「国家」資本主義圏

氏は、LECTURE 7で「社会主義の失敗」について触れている。マルクスは先進資本主義国での労働者による社会主義革命を考えていたが、現実には想定外の発展途上国ロシアや中国のような「労働者がほとんどいない」国で、その革命が起こったという。氏はこの大きな違いについて、どう考えるのであろうか。氏に限らず世界中の共産党、反共産党（新左翼など）その他ほとんどのマルクス論者が、マルクスの想定と20世紀の現実の社会主義圏との違いを比べ、現実の方を選び、マルクスの想定を忘れるか、無視するようになったようである。ところが現実の有力な一角が崩れ（ソ連、東欧の崩壊）、多くの人が社会主義に幻滅し、あるいは自信喪失ともなり、あるいはそれを理想から外し語ることさえもしない人たちも出てくる始末であった。

氏も述べているように、先の世界大戦後、日本の大学では特に経済学部では「マル経」教授が大勢力となり、30年近くそれが続いた。また哲学・歴史学などでも有力な勢力になったこともある。従って学生や労働者の間でもマルクス本の読書会、研究会などが全国的に広がった。公務員や民間労働組合でも〝マルクス・レーニン主義〟のサークルがあり、共産党や左派社会党が政権・与党に対するチェック機能を果たすことができた。恐らく国や当局から義務付けられることなく自主的にこれほど多くマルクスやレーニンの本が読まれた国は世界にないのではあるまいか。ところが高度経済成長の持続と共に、その勢いが下降し始め、１９９１年ソ連や東欧の崩壊を目の当たりにして、一挙に散ってしまったようである。

これについては、もう一つの側面が重要である。それはソ連や東欧の崩壊は突如として起こったものではないということである。その崩壊は長い経過による、ほぼ自滅と言えるものだからである。特に注目されるのは、１９２５年ソ連共産党書記長スターリンの登場からである。その時〈１９２５年〉の彼独自の演説は、〝一国社会主義建設可能論〟として有名なもの（ソ連は社会主義建設に向けてすべての条件が存在するという内容）であるが、それ以降専制主義と強権的政治体制がどんどん進行していった。スターリン独裁と世に言われている事態である。スターリンの政治的ライバルと言われていた人物を抹殺することから始まって、恐らく一千万人を超える人達が〝粛清〟されたと言われているのが１９３０年代のソ連である。

この同時期にソ連は、経済五カ年計画を重ねて大躍進を示した。経済発展と恐怖政治が同時進行したことを今まで誰も合理的に説明できず、20世紀ミステリーのトップにある。秘密に覆われて外国からは全く分かりにくいとはいえ、秘密主義自体が世界の労働者人民に強く疑惑を抱かせるものであったことは確かである。ロシア革命での農民・労働者大衆の蜂起は、20世紀前半の最大事件であり、世界中の働く者に勇気を与える巨大津波となった。西欧先進国の支配者はその維持のため社会保障を整え、福祉政策を採り「福祉国家」へ転換せざるを得ないほどの余震ともなった。働く農民と労働者に明るい未来への輝きに見えたソ連が、暗雲立ちこめる暗さを与えた最初のショックが、スターリンの粛清と独裁政治であった。こうして世界の労働者人民がソ連に対して抱くのは徐々に疑問から不満そして不信へと変わり、それは深まる一方となった。

だが、スターリンの専制政治を、日本共産党・不破氏のようにただ悪政と難じるだけで済ませられるであろうか。当時いまだ未発達な弱小の国家資本主義＝ソ連が、西欧や日本などの帝国主義列強に包囲され、介入を受ける厳しい国際情勢の下で、自立を貫くには、国内の全権と全勢力を政府に集中せざるを得なかったはずである。それがスターリン専制政治の根拠であろう。専制政治の必然性を見てとらなければなるまい。これをスターリンは社会主義だと強弁し、あるいは社会主義への「過渡期」だとも言い繕ったのである。

❏マルクスの科学的発見の検証もしなかった世界中の共産党など

20世紀ロシア共産党及び全世界の共産党はマルクスの科学的学説を単に「思想」レベルで受け入れたにすぎない。それに影響された世界中のほとんどの者が、同じレベルでマルクス解釈をやったわけである。日本でもそうである。

「科学」とは、現実の事実を詳しく分析し、その中に存在する厳密に展開する法則を正しく反映しようとした認識である。従って、その認識内容の真偽を常に検証し判定しなければならない。しかしそれを「思想」扱いすると、どうなるのか？　優れた「思想」も必ず現実から出発するが、科学的認識とは違って、その内容は必ず現実の事実と照らし合わせて確かめる必要はない。著者や読者の自由な判断で良いのである。勿論好き嫌いの感情で判断しても良いのである。だから読者の趣味的判断でもよい。読者が内容を無視しても構わないのである。

「思想」論も、勿論現実を多く含み、豊かな意味や説得力を持つに越したことはないが、それは主に読者や受け取り手の側の判定なのである。つまり受け手・他人が納得するかどうかが、判断の基準である。科学的判断では、厳密な事実に対応しているかどうかが、判断の基準である。分かりやすく自然科学分野で言えば、例えばインフルエンザの原因であるウイルスが正しく発見されたか否かは、誰が見ても事実として、それが証明されれば、正しいのである。単なる趣味で判定してはならないのである。これが科学的発見の信憑性である。「思想」論評価のように単に受け取り手の主観・納得で決まるのではない。「思想」論の説得力とは、着想の鋭さと講想の組み立て方の独創性や斬新さなどが命であろう。それの受け取り手側は、思想論の中で共鳴し、刺激された点を自由に取捨選択して良いのである。

20世紀共産党やヨーロッパ・マルクス主義哲学者たちは、ブルジョア学問（社会学方法）で、マルクス理論を扱い、歪曲し偽造までしたわけである。その結果、社会主義とは何かを、全く混乱させてしまったわけである。まさに寄ってたかって、マルクスの科学的社会主義を解釈でつつき回し、科学理論を自分の趣味、好みによって無内容にズタズタに崩してしまったわけである。学者らの議論は百出したが、労働者に社会主義について興味も関心も抱かせないまでにさせてしまったのである。彼らは労働者に説明することも全く忘れて議論ばかりしていたのである。これを犯罪と言わずして、他に言葉があるだろうか。しかも彼らすべてが、いまだに自己批判も説明責任すらやっていないのである。

これは、非共産党例えば日本の「新左翼」や学者や知識人たちにも、ほぼ当てはまるのである。20世紀世界中のマルクス主義陣営全体が、いかに情けない低レベルの知的状況であったかが、見てとれるのである。当のマルクス自身が存命中最も嫌っていた態度＝マルクス文献の

〝文理解釈〟を彼の死後、20世紀中、否今現在までも続けているばかりである。「マルクス理論のブルジョア的頽廃から解体へ」これが今現在までのマルクス主義陣営の総決算である。マルクス科学理論のグローバル化という積極面よりも、マイナス面の方がはるかに多く、深い負担と負債を労働者は負わされたわけである。従って我々は、この負債解消に全力を注がねばならない、ということである。

❏ヨーロッパ・マルクス主義哲学者たちは一体何をやっていたのか

従来の西欧諸国のマルクス主義は、主に哲学思想界が担ってきて、スターリニズム共産党とは、一線を画してきたが、実のところブルジョア思想でマルクスを扱い、その科学理論を思想論レベルに狭め、遂にはブルジョア哲学にまで後退させ、解体させてしまった。スターリン主義共産党も、ソ連社会の現実（国家資本主義経済）の圧力を受け、マルクスの科学論にブルジョア的要素を加えてゆき、最終的にはブルジョア哲学や常識論でそれを偽造するまでに至ったのである。この両者はともにブルジョア思想でマルクス理論を解体する点で共通した悪影響を世界に広めた。

ヨーロッパでは、ルカーチをはじめ〝マルクス主義哲学者〟全てがマルクスの４大科学論（唯物論世界観、唯物社会構成論、唯物史観、弁証法論理学）を正しく把握した者は一人もおらず、「思想」論として考察するしかなかったわけである。彼らは皆、ブルジョア個人主義精神文化に浸り切り、文学者同様に、マルクス理論が社会やその歴史の科学的分析であることを全く理解できなかったのである。個人主義的自由と民主主義の伝統に浸って論じていただけである。

さて、氏は20世紀〝社会主義圏〟諸国を本気で社会主義国と考えるのであろうか。この点は著書では直接述べてはいないが、他方で「社会主義の失敗」と語っているので、そのように認識していると思う。それを前提にして論を進めよう。ソ連がなぜ社会主義なのか、答えてほしい、その論証を示してほしい。これは社会主義論の最重要な質問である。勿論この質問は氏に対してだけでなく、すべての人に向ける問いである。これに答えられなければ、マルクスを論じる資格がないということになるのである。彼の死後既に１３５年を経ているが、彼が駆使した唯物弁証法思考法を我々も使って初めて、彼の厳密な論理構成と意味を理解することができるであろう。

❏ソ連共産党の「過渡期」論とマルクスの「過渡期」論との違い

前の方でレーニンの「過渡期」論を取り上げ、それはマルクスの「過渡期」論からの逸脱の始まりであると私は言った。この二人の「過渡期」論の違いは、まず、「過渡期」とは、どのような歴史的条件でのことなのか、である。

レーニンのは、１９２０年代初期である。ソ連の「民主共和制」国家、そして国家資本主義経済から、レーニンは直ちにソ連は社会主義へ進むと述べた。ヨーロッパでの労働者による革命情勢を受けての主張である。ところがその革命情勢は直ぐに頓挫してしまった。ヨーロッパの労働者階級の政治力が未熟であったからである。彼は、ヨーロッパの労働者革命が成功して、その援助がソ連に及ばなければ、ソ連は社会主義へ到達できないと語っていた。なぜ彼は、そのようなあやふやな情勢判断をしていたのかである。彼はヨーロッパ革命情勢を自分で分析した形跡はなさそうである。ただ当時はヨーロッパでは、そのようなことが一般に言われてはいた。レーニンも現実に情勢分析もしていなかったようである。それにしては、あまりに安易な革命論である。次の指導者スターリンは、何の判断力もなく、ただレーニンの言葉を鵜呑みにしただけである。彼は社会主義についての碌な判断力を持っていなかったのである。

しかし、マルクスの「過渡期」論は、それとは全く違うのである。先進資本主義経済社会で政治的に最有力の勢力となった労働者階級は、それまでブルジョアジーが握っていた政治権力を奪取して、これから社会主義経済へ進む過程の問題である。政治的にはまだブルジョア勢力が力を残している。労働者政治権力に反抗することもある。労働者政治権力は、それらの反革命勢力を抑えつつ前進しなければならない。まず、経済の社会的所有制度を導入する。労働者階級の最大の力は全国的な組織力である。その組織力で全企業の労働者管理を進める。国内の全地域、全国を労働者が管理・運営する。その過程のことを社会主義への「過渡期」と言う。ブルジョアジーも、小ブルジョアジーも農民も労働者と同じく働けば、普通に生活できるのである。労働者の管理・運営によって普通の生活人になるだけである。労働時間は直ぐに全国で平均して現在の20％以上に短縮されるであろう。

このようにマルクスの言う社会主義への「過渡期」とレーニン以下ソ連共産党指導者たちのそれとは、全く違うのである。彼らは、「過渡期」という単語だけは暗記したが、いつ、どのような歴史的条件において必要なことかが、まるで分かっていないのである。

❏ソ連は東欧を「衛星圏」として植民地化

第二次大戦後ソ連は帝国主義支配を東欧へ拡大した。それをスターリンは社会主義の拡大と語ったが、それは誤りである。事実上の植民地支配である。ソ連は東欧から燃料や農産物を供給させ潤ってきた。従ってスターリンの死〈1953年〉後直ちに反ソ連の動きが始まり暴動へ発展していった。ソ連軍介入と政治的干渉が起こり動揺が続いた。東欧衛星圏はソ連国内の不安定要因となっていくばかりであった。ソ連共産党政権は遂にアフガニスタンへの侵攻へ進み、政治的、経済的、軍事的支配の動揺を深めていく。そして1991年ソ連支配体制全体が崩壊したのである。その前に1970年代からアフリカで広範な独立運動が起こり、それにソ連が経済援助を進め、政治的影響を強めていった。独立国にはほとんど「～社会主義」を名乗らせたのである。例えばリビア社会主義共和国など。リビアは社会主義の実態など全くないのにである。アフリカへの強引な政治支配は直ちに崩れてしまった。アフリカ、東欧圏、中央アジアへの粗雑な権力主義支配によって、ソ連帝国主義国家は自滅への坂道を下るのであった。

❏次の歴史的社会は、高度の社会的生産及び社会的所有制度

高度の資本主義経済社会になり、分業の発達した「社会的生産」が実現されるようになって初めて、経済的に全社会が貧富の格差のない、社会的差別・抑圧のない社会を建設できる歴史的条件が現れ、整ったということができる。資本主義経済は、その条件がまだ完全には揃っていない、最後の欠陥を残した経済体制である。それがマルクスの言う「生産力と生産関係の矛盾」である。生産は高度の技術を持ってはいるが、その生産関係、特に生産物・手段などの所有権の個人的権利関係が最後の矛盾＝ブレーキとなっているのである。この個人的所有制度を廃止することが、まず実行されなければならない。そして労働者による社会的所有・生産体制が実現されることが第二の関門である。つまり生産は社会的生産になってきているが、所有制度が社会的になっていないからである。

経済的には基本的にはこれで十分であるが、政治的には難しい労働者の「階級形成」が必要である。それは今の資本主義経済は、政治権力で強力に守られているからである。先進国では政治的意志は現在の議会制民主主義制度が無視できない要素になっている。労働者の政治的意志は最終的には全国的な規模となるが、まず議会で有力な勢力になることが必要である。政治権力は、議会での最大勢力がなければ、有効な政策が実行できないのである。その過程ではも

ちろん、旧支配階級（ブルジョア）のあらゆる抵抗と反抗を受け、旧勢力の拠り所〈軍隊・警察など〉の反撃を克服しなければならない。

それを乗り越える実力がなければ、経済革命を進めることができないのである。それは勿論不可能ではない。労働者の政治的〝武器〟は全国にわたる組織力である。この団結力こそ労働者の唯一の実力である。マルクスが１８４８年『共産党宣言』で呼びかけた「万国の労働者よ、団結せよ！」とは、このことである。現在の資本主義経済を土台とする政治的社会全体を廃止するという明確な意志を持った社会主義政党を国会の最大勢力に建設する必要があるのである。真の社会主義勢力を作り、拡大する政治運動を起こさなければならない。これがマルクスの訴えである。これは日本だけでなく先進国を中心に国際的規模で拡大する必要がある。労働者の政治運動は初めから国際的広がりで進むであろう。労働者の国際的連帯は世界社会主義運動にとって、成功への重要条件となろう。

20世紀での発展途上国中心の〝社会主義運動〟ではなく、先進国の圧倒的多数の労働者の社会主義運動こそ、マルクスの目指した本格的革命運動となろう。資本主義経済社会の停滞状況の常態化に陥った現在、まさにその時期到来を告げているのである。先進国で社会主義政治勢力を最大にすることが、最も今求められている政治課題である。マルクスの呼びかけ通り、労働者が世界的に団結することが今必要な時期なのである。労働者は自信を持って、組織的に同志を集める活動を始めようではないか！　貧富の格差を全て無くす社会を誰が作れるのか、それは労働者以外には存在しないのである。労働者の徹底的な民主主義運営がそれを確実にするはずである。

❏先進諸国の「民主主義」とは何か

19世紀、20世紀での先進国民主主義は、中途半端な民主主義であった。なぜか。それは経済的土台が商品経済であったからである。商品経済の完成形態である資本主義経済は、金儲け中心の経済である。これは自分だけ利益を求める経済である。この利己主義を基礎にした社会だから、自由主義や民主主義と言っても利己主義を消すことができない社会なのである。例えば2015年にフランス・パリでISによる爆弾テロ攻撃を受けた時、大統領は、こう叫んだ。「フランスは、自由の国である」と。だがそのフランスは、18世紀以降ずっと発展途上国のアラブやアジア、アフリカに対して、彼らに自由を与えたであろうか。

自由とは反対のこと（支配・抑圧）を発展途上国に対して、し続けてきたではないか。自国だけ自由で、発展途上国には自由を与えぬ利己主義国家であった。これは誰も否定できないことである。先進国での自由とは、この程度の中途半端な自由主義であり民主主義であったのである。我々はこれを決して忘れてはいけないのである。だからこそ労働者による社会主義社会は、すべての差別、偏見、支配抑圧を完全になくす社会のことである。マルクスは原始社会での無差別社会から、今度は高度に発展した社会で無差別社会を実現することが、社会主義・共産主義社会の意味なのであると語っている。

❏なぜ20世紀に社会主義や共産党が〝流行〟したのか

20世紀の〝社会主義圏〟は全て、氏も言う通り近代産業や工場が全くないに等しく、労働者がほとんど存在しないような、全く未熟な資本主義経済初期の国で起こった近代革命から出発した。そこで革命や独立運動の中核組織が自らを共産党や社会主義と唱えれば、それを社会主義革命などと規定するのは、安易にすぎることであった。社会主義とは何かの本質論から全く離れた空論でしかない。ところが社会主義やマルクスの名は一挙に広がっていった。これはなぜなのか、である。

近代の19世紀後半から20世紀現代に至る歴史を辿ってみることにしよう。マルクスが担った第一インターナショナル（１８６４～１８７６年）によって当時の先進国である欧米だけでなく、発展途上国にも社会主義思想が広がった。１８７０年代から先進資本主義国は、巨大企業の市場支配すなわち独占資本主義段階へと発展する。生産力の急上昇によって国内市場は狭くなり、海外発展途上国市場を目指す競争が激化する。市場獲得政策を進める先進国帝国主義国家が登場し、市場独占支配へ備える軍備拡大が進む。発展途上国市場では、主に鉱物、原材料産出をめぐる争いが吹き荒れる。そこでは次々と先進国の植民地とされていく。それがきっかけとなり、発展途上国の独立運動、反帝国主義闘争が始まった。帝国主義の基礎＝資本主義は発展途上国の農村共同体をもどんどん解体してゆく。従って反資本主義、社会主義思想が農民に浸透していく（農民社会主義）。特にロシアでは、19世紀前半からナロードニキ（人民の中へ）運動が起こり急進化し、ロシア社会民主労働党へと発展していく（農民社会主義と労働者との合流）。

先進帝国主義国に続いて、後発帝国主義国が新たに登場してくる。先進国より一時代遅れて近代資本主義へ突入したドイツ、イタリア、日本である。これらでは初めから財閥独占企業を形成し、国策会社も登場し、軍備拡大を目指す国へ突き進む。これらの先進、後発帝国主義諸国が激しい世界市場競争を20世紀前半に展開する中で、発展途上国は深刻な民族独立への闘いを強いられたのである。こうして社会主義思想による反帝国主義の闘いとなったわけである。時代は確実に世界大戦への危機を迎えるのであった。

第一次世界大戦（１９１４～１９１８年）末期にロシア封建君主政（ツァーリ）体制が崩壊へ向かい始める。兵士として戦争に動員された農民が反体制へ革命化していく。こうして農民ソビエト〈評議会〉、そして労働者ソビエトが組織され、ロシア革命の中核が形成されたのである。１９１７年ロシア革命成功は、全世界の発展途上国の農民、そして労働者にも大きな影響を与えた。こうして社会主義と共産党、そしてマルクスの名が知れ渡ったわけである。他方で先進国などの発達した国々では、農業者が自営企業者へと移ること、農民人口が相対的に減少していくことによって中間層として豊かになり、自立していく。例えば日本では農業の規模では大きくはないが、経済発展を背景として独立自営農者として貧困から脱出していった。第二次大戦前には、革命運動に占める割合では多くを占めていた農民が、そこから離れていくのである。

こうして発展途上国の農民を中心とした民族独立や革命運動の広がりの中で、マルクス・レーニン主義が広がり、中心組織として共産党などが目立つようになったのである。中国に見られるように反植民地・独立運動の中で唱えられたのは、実は農民的社会主義論であって、労働者の社会主義論ではないことが、曖昧にされたまま進んだのである。中国では、毛沢東の農民社会主義政治が最後の「文化大革命」の中で自滅することで事実上決着がついた。ただ農民社会主義と労働者社会主義との理論的決着は、いまだになされていないのである。中国共産党は今も政権党であるが、その共産党名は、マルクスの『共産党宣言』で言う「共産党」とは全く反対の政治（ブルジョア政治）を推し進めているだけである。現在では明らかにアメリカと同じ「帝国主義」政権党となっている。この前例はソ連共産党の歴史で証明済みである。

私が、このように書くと、まさか？　と疑う者が少なくない。そのような人たちは、マルクスの４大概念すなわち唯物論世界観、唯物社会構成論、唯物史観、唯物弁証法を一貫したものとして把握することができない人たちである。この４大概念こそ彼の理論が社会科学、歴史科学本質論レベルの理論を構成しているのである。そのどれ一つでも疎かにできないものである。逆に言えば、マルクス理論を単なる「思想」論とみなした者は例外なく全て、マルクス本を勝手に取捨選択して、好き勝手に「解釈」ばかりしてきたのである。

もう一度確認しておこう。20世紀のソ連は、その当初から社会主義社会でなく、国家資本主義経済の上部構造としての政府であって、農民（主力）と労働者（従勢力）との連合国家である。ソビエト共和国連邦が正しい名称であり、その中にあった「社会主義」は誤りである。中国、ベトナム、キューバも東欧諸国も同じである。中華人民共和国の「人民」が正しい。この「人民」を「社会主義」へ偽造してはならない。だが、レーニンを支持する人たちは、社会主義を目指すという意味で、社会主義と名付けているとも語っている。だから社会主義国家であり、必ずしも間違いとは言えないと言う。

果たしてそうであろうか。レーニンがもっと長生きすれば、それが可能だったと言いたいようである。日共・不破氏はレーニンの方法ならば社会主義へ到達できたであろうと、述べている。レーニンは1921年経済政策で、資本主義的商品流通を認めざるを得なかった。農民に妥協しなければならなかったのである。ここで彼が今まで「労農政府」と規定したことが逆転し、「農労政府」規定へ変更すべき事態となったのである。これ以降農民の利害がますます強まるのである。ソ連は明らかに社会主義へ向かうのではなく、人民民主主義国家へ移行したと言うべきである。

❏スターリン時代とその後のソ連崩壊まで

１９３０年代のソ連は、経済五カ年計画の積み重ねによって、高度成長をしたが、同時並行してスターリンの独裁、それも稀に見る暗殺政治＝粛清が実行された時期でもある。この二つの側面を一括して合理的に解明し説明したものは皆無である。日本の左翼陣営は真剣な分析を行っていないのである。

スターリンが、ソ連共産党書記長になった頃は、周囲を欧米日の帝国主義列強に囲まれ、自立的発展にとって実に厳しい国際情勢であった。これを乗り切るには、強力な国内統制しか手段がなかったであろう。その時（１９２５年）スターリンが放った演説は、後に「一国社会主義建設可能論」と呼ばれ、最悪の不可能演説と非難されたものである。勿論スターリン自身が、自国を社会主義と規定した上での演説であるから、そのような非難を受けることも当然ではある。

先のスターリンの１９２５年演説は何を意味したものであったのか。スターリンが自国ソ連を社会主義国と規定したことは、全くの誤りである。当時のソ連社会の本質は、経済的土台は国家資本主義経済である。その上部構造の政治体制は、ブルジョア共和国である。いかなる意味でも社会主義社会ではない。その弱小国家ソ連が周囲を帝国主義列強に囲まれた中で自立するには、どうすべきかである。ロシア革命の中で最保守主義者であったスターリンが取った政策は、国内総引き締め政策以外になかったであろう。それが国政でのいかなる反論も許さぬ専制＝粛清政治であろう。

１９３０年代の経済五カ年計画の積み重ねで、30年代末には大きく発展した強国にのし上がってきたわけである。それが１９３９年、ドイツ・ヒトラーと交わした「独・ソ不可侵条約」である。この条約の別名は「東欧への侵略協定」である。ヒトラーとスターリンの共同東欧支配政治である。後発帝国主義国ドイツに、同じくソ連が後発帝国主義国として加わったのである。共に「後発」帝国主義として、軍国主義の国となったのである。ソ連ではこの時期から強大な軍事パレードが登場し始めた。口先での社会主義とは真逆の帝国主義国家としての巨大な軍事パレードである。

第二次大戦後のソ連は、まさに東欧を支配する帝国主義国家として君臨することになったのである。そして１９５３年スターリンの死後、直ちに東欧から反ソ連の火が立ち上がっていった。国内では１９６０年代での政治的民主主義改良が進んだが、それも長続きせず、ブレジネフ時代になると、帝国主義を露骨に示すようになるのである。

それが１９７９年のアフガニスタン侵略である。ここからは１９９１年まで一直線にソ連は崩壊へ向かうのである。

ここまで論じれば、20世紀・ソ連の崩壊は、全く「社会主義の崩壊や失敗」ではないことが明らかである。言い直せば、ソビエト国家資本主義の発展結果である「ソビエト帝国主義体制の崩壊」と規定するのが正しい。その上部構造は一般に「スターリン体制」であり、その政治的、経済的崩壊である。その結果残った現在の体制は、ロシア連邦の国家独占資本主義のプーチン政治体制である。ここで言う「国家独占資本主義」とは、現在の日米欧「先進資本主義経済」と同じ体制である。国家と独占的巨大企業との連携体制のことである。

だが、学者や知識人たちは、目先の現象に囚われた判断しかできず、ソ連時代に一度廃止された資本主義経済が「復活」したと考えた。だがこれこそ間違いである。経済過程を科学的に捉えることができないブルジョア社会学的認識では、この間違いに気付かないのである。ソ連時代に資本主義経済は一度も廃止されたことはない。一日もである。一貫してロシア・ソ連経済は、「国家資本主義経済」であったのである。

マルクスの「社会主義への過渡期」は、高度に発展した資本主義の矛盾の深化の中で労働者が政治権力を握った後、資本主義廃止宣言をして、社会主義経済へ向かう宣言によって始まるのである。従って、ソ連期のいずれの時期にも、この条件に該当する時期や事実はなかったのである。圧倒的多数の現代労働者も存在したことがなかった。当然のことながら「過渡期」などあるはずがないのである。あると思ったのは、単なる空想でしかない。これは中国、ベトナム、キューバにも当てはまる。このようにソ連、中国の共産党、全世界の共産党が、いかに幼稚な「過渡期」概念しか持ち合わせていなかったかが分かる。先進国でも共産党、労働者党など、マルクス支持者の学者や知識人たちも、それを疑うことすらもなかった。

他にも、このような歴史的現実を無視した考えが、ロシア革命ごろから続いているのである。

例えば１９１７年2月革命をブルジョア革命と規定し、10月革命を社会主義革命と規定していること。この記述は、恐らく全世界のものになっているであろう。

だが10月革命は、レーニン自身が社会主義革命ではないと明言しているのである。『レーニン全集』にしっかり記述があるのである。スターリン・トロツキーがそれを無視して全世界に誤った規定を広めたのである。10月革命は、科学的には「農・労連合の人民革命」以外ではないのである。依然として社会主義以前の基本的にはブルジョア革命の一形態である。これをレーニンは「革命的民主独裁」国家と呼んだのである。

❏マルクスの「政治的過渡期」とは

マルクスは資本主義社会までは、人類が原始社会から自然発生的に営み続けてきた、まだ未熟な社会であると語り、人間は土台の経済を十分に管理、コントロールすることができず、経済過程は人間の意志〈例えば政府の政策〉から独立し、その独自の法則で進行すると語っている。例えば、日米欧先進国での高度な資本主義経済の現在でも、好不況、バブル、恐慌などどれを取っても、あらかじめコントロール出来ないのは事実である。ここでも『資本論』や唯物史観は科学理論であることが分かる。ではいつになったら人類は経済をコントロールできるようになるのか。それは社会主義になってからだと彼は言う。それはなぜなのか。高度の資本主義経済で巨大な生産力を実現したが、そこに矛盾がある。巨大な生産力は広い分業によってなされている。しかし現在では、この分業は私的所有制の下でなされている。これが大きな邪魔になっているのである。

生産はますます社会的分業へ広がっているが、その所有は個人主義である。生産が社会的ならば、所有も社会的でなければならないのである。ここに大きな社会的壁があり、不平等な結果になる。資本主義経済は歴史的には個人主義的所有から起こってきたが、それは歴史的に限界に達しているのである。これは資本主義的生産関係であるから、この生産関係を廃止しなければならないのである。この廃止は、労働者階級以外には誰もできない。しかもこの廃止は社会全体の秩序を守る政治権力を行使しなければできないのである。従って労働者の政治革命「権力奪取」が絶対必要なのである。巨大な生産力による豊かな生産物を社会全体で使う、新たな経済制度・社会主義へ変えるのである。こうして初めて「賃金奴隷」である労働者が、奴隷状態から解放されるのである。

ここで初めて古代から6千年も続いてきた働く者の奴隷状態からの解放が実現されることになる。ここで初めて全ての人間が社会的に対等・平等になるわけである。これがマルクスの「政治的過渡期論」である。個人主義的生産関係の下で生産物が商品として売買されることはなく、それを媒介する貨幣も不必要になるし、商品もなくなる。人間がどこで生まれ、どこに住み、どこで仕事をしても、なんら差別されない。これが社会主義社会である。約6千年間続いてきた人間社会の分裂（支配・被支配）がなくなり、その分裂を根拠とした政治支配・国家権力も必要なく「死滅」するのである。マルクスはここから真の文明社会が始まると語る。

❏20世紀の自称社会主義国の実態は国家資本主義社会

マルクスの科学的判断を、ソ連のレーニン、スターリン時代に応用すると、どうなるのか。当時のソ連は、国家資本主義経済である。この経済は何を指しているのか。それは全く未発達の資本主義経済である。ということは、当時のレーニンがこの状態から直ちに社会主義へ向かうと語ったが、これは明らかに間違いである。「一つの社会構成は、それが生産諸力にとって十分の余地を持ち、この生産諸力がすべて発展しきるまでは、けっして没落するものではなく」ということは、国家資本主義経済は、「すべて発展しきるまでは」社会主義経済へ転換することは、全くあり得ない、ということを語っている。

レーニンの判断は、全くの空論である。ソ連の経済の現実は、まさにマルクスの語った通りであった。レーニン期の末期からスターリン期にかけて、国家資本主義経済は、順調に発展していった。未熟な国家資本主義は、レーニンの共産党政治権力に影響されることなく、資本主義として発展しただけであった。経済はどの国でも社会の基礎つまり土台であり、政治は社会の基礎・土台ではない。これを軽視・無視すれば、必ず誤った結果にしかならない。これが唯物史観＝科学論である。ソ連の現実がこれを証明している。スターリンはこのレーニンの誤りを踏襲しただけである。彼はレーニンから引き継いだ国家資本主義経済を社会主義への「過渡期」と唱え、誤りに全く気付かない。

その後、1930年代には経済五カ年計画を重ねていった。その結果は、社会主義へではなく、当然に国家資本主義経済そのものが大きく発展し、ついには帝国主義的経済に到達したのである。これは、ロシア革命以前にレーニンが著した『帝国主義論』の語る通りである。資本主義経済は大きく発展すれば必ず帝国主義段階に至るのであり、外国支配へと進む。こうしてソ連は1939年ヒトラーと手を結び「独・ソ不可侵条約」を結ぶ。この条約は秘密協定であり、内実はスターリンとヒトラーが東欧分割支配を目指したものである。つまりこの2国は共に軍事的帝国主義国となったことの証しである。

ドイツ、ソ連のどちらも、帝国主義国として第二次世界大戦に突入していく。その結果ドイツは敗れ、ソ連は東欧のほとんどを支配することになった。勿論帝国主義国としてである。その後も歴代共産党政権は、スターリンの帝国主義国家を引き継ぎ、粗雑な国際政治を繰り返してゆき、1991年に崩壊した。従って崩壊したのは、勿論ソ連帝国主義国家である、社会主義ではない。

❏労働者社会主義革命に必要な考え方は、唯物弁証法思考

20世紀のロシア・ソ連共産党から全世界共産党のみならず、ほとんどのマルクス支持者に共通した誤りの特徴は、マルクス唯物弁証法思考の欠落である。これは今現在、ブルジョア社会

での思考法以上のものである。今の常識的な考え方で、真面目なやり方や学問的なやり方は、目の前にある事実、事象をたくさん集め、その中の共通項を取り出し、まとめる思考法（ブルジョア社会学的思考法）である。大学などではこれを科学的方法と言っているが、科学とは違うものであろう。事実を現実化させているものとは、事実の裏〈中〉に潜んでいるもののことである。事実をまとめることと、事実の裏にある法則とは全く違う。まとめるというのは、現象学の方法である。これはごく簡単な目的には役立つが、それ以上のものではない。例えばアンケート調査や市場調査などの方法である。これらでは、社会現象の本質や全体像を把握することはできないものである。この程度の課題には、マルクスの科学的方法すなわち唯物弁証法などは必要ないのである。

レーニンがそう言ったとか、共産党が言ったとかで、社会主義の内容が決まるのであろうか。単に誰かが言っただけで、それが正しいと、どうして言えるのか、確かめなければ信じることはできまい。私のこの本に挙げられた幾つかの評論文の対象本全てが、ソ連、中国などを「社会主義国」と単純に認め語っている、なぜそうなのかをどれも証明や論証すらしていないのである。有力者や有名人がそう言ったから、それが正しいのであろうか。そんなことはないであろう。では、世間は彼らが語ったことは、なぜ信じるのであろうか。彼らが語ったことや話の中で前後に大きな矛盾があった時だけ確かめるだけで良いのであろうか。おかしいであろう。

彼らの言ったことの正しさ、それを、どうやって確かめるのかである。それこそマルクスの方法しかないのである。この件で20世紀中を通して、世界中の人が完全に間違ってしまった。今で言う「風評論」だからである。1917年のロシア革命は、当時の働く者の中で圧倒的多数の農民が主勢力、ごく少数の工場労働者が従勢力の連合政権国家でしかないのである。それは、いかなる意味でも社会主義政権・国家ではない。スターリンやトロツキーがそう言ったから社会主義なのではない。こんな単純な間違いを犯したのである。

❏毛沢東の農民的社会主義政治の反動性

歴史的には、中国のかつての毛沢東国家主席の〝農民的社会主義〟政治が、その典型である。彼は資本主義経済を嫌悪するあまり、中国の封建農耕社会から近代社会・資本主義経済への歴史上必然的発展法則が分からず、社会主義建設を全て農民主体でおこない、当然にもすべて失敗した。そして資本主義をわずかでも認める政治家達を全て「走資派」と断罪し弾圧し、全国の「走資家」狩り＝「文化大革命」紅衛兵騒動を起こし、5千万人以上を殺し全国を大混乱に陥れた。こうして1966年からの10年間中国社会の頓挫と混乱という大罪を犯したのである。これをカンボジアでもポルポト政権（1976〜1979年）が、そっくり真似をし、大虐殺政治を続け自滅した。

このように農民的社会主義とマルクスの労働者社会主義との明確な区別が1世紀以上にもわたって曖昧にされたまま続いてきた。この二つの社会主義は一方が空想的〈実現不可能〉であり、他方が科学的〈唯一実現的〉理論であることすら、いまだに認識されていない。1848年の『共産党宣言』での明確な区別が忘れられたまま、つまり社会主義理論が混乱したまま、「ソ連崩壊」と共に信用を失ったのである。私たちは一刻も早くこの曖昧さと混乱を終わらせ、マルクスの科学的社会主義を復活し発展させようとしているわけである。

更にもう一つの偽社会主義思想を批判することが重要である。ヨーロッパと日本にある「小ブルジョア社会主義」である。これを日本で代表するのが日本共産党の語る社会主義論であり、ヨーロッパの社会民主主義政治である。分かりやすく言えば、ブルジョア民主主義の社会主義である。この特徴は、ブルジョア議会制度を絶対化することである。ブルジョア議会を通してのみ社会主義を実現する政治である。労働者の政治活動を既存の「議会」によってのみ実現しようとする視野の狭い政治である。ブルジョア議会の民主主義は、もちろん重要な機関ではあるが、労働者の活動や闘いは、それ以上に広範囲である。なぜなら組織的な大衆行動こそが労働者の特徴であるからである。議会活動はその一つの反映ではあるが、すべてではない。

民主主義的社会主義は、一見分かりやすいが、組織的大衆行動を軽視する欠点があり、議会活動中心主義の狭さがある。これは大衆行動の重要局面で大きなブレーキとなるであろう。これによる歴史的な敗北の経験も内外ともにあることを忘れてはならないのである。よく日本共産党が唱えるのは、国民の1％の富裕層と大企業の政治に反対して、国民の99％を結集するということである。一見広範囲な活動に見えるが、その中身と内容が違うのである。共産党は労働者への配慮もするが、中小企業や農民への配慮もする。つまり大企業に反対する階層の中の一部分として労働者の利益を守るに過ぎないのである。

では、労働者と農民・中小企業者とは同じ社会的立場であろうか。違うであろう。少し前の方の文でも指摘したように、そこには決定的違いがあるのである。生産手段の所有者かどうかが、決定的な要素である。生産手段の所有者とは、自分で生きていく手段を持っている、ということである。中小企業者は、工場とか会社などの生産財産を持っている。ただ大企業よりそれが小さいだけである。農民も農地という生産財の所有者である。だが労働者はそれらを持っていないのである。だからかつては、無産者と言われていた。生産手段の所有者は「有産者」と言われていた。この違いは社会的存在としては決定的な格差である。

今先進国では人口の圧倒的多数は労働者とその家族である。社会的弱者である労働者は、団結した組織力を持たなければ、自信を持って生きられない存在である。だから団結力と組織力を持たなければならないのである。団結力と組織力とが生き続けられる絶対条件なのである。それをマルクスは「万国の労働者よ、団結せよ！」と呼び掛けるのである。

❏ソ連の1980年代はソ連帝国主義の末期症状

ソ連の末期1980年代は経済的混乱状態が続き、経済がいわば末期的症状を示し、1991年の「崩壊」に向かっている。そこに至っても、相変わらず氏はソ連=社会主義の間違いに気づかない。そこに示されているのは、社会主義の末期症状ではなく、帝国主義社会（ソ連）の末期症状にすぎないのである。氏はソ連がなぜ、社会主義なのか、自ら確認作業をやらずに、世間一般の評判、今で言う風評に従って、全く的外れなソ連社会主義批判をやっているのである。

氏はしっかりと考えてほしい。氏は既に有名人になっているので、氏の語ることが広く影響を世間に及ぼすからである。マルクスの理論は社会・歴史の科学理論であり、単なる一個人の思想ではないのである。

評論6

的場昭弘氏へ
マルクス科学理論の「思想扱い」がその歪曲や捏造へ悪化させるだけの典型的な例

著書『マルクスとともに資本主義の終わりを考える』(2014年　亜紀書房)
著書『ネオ共産主義論』(2006年　光文社新書)など

❏「ソ連が、いつの間にか官僚と中央集権制度に変化」〝いつの間にか〟という言葉

氏など多くの論者が、同じように語っているのをよく目にする。だが氏らは、この官僚や中央集権制度がソ連にあるということは、政治現象が存在している社会を前提にしているのである。そのような政治現象はどんな社会に現れる(現れた)のであろうか。氏は一方では社会主義(ソ連)を語り、他方では「官僚や中央集権制度」を語って、何も矛盾を感じないかのようである。無神経もはなはだしいと言うべきである。

スターリンはレーニンの後、ソ連の最高権力者となったが、そのソ連を1953年に死ぬまでずっと社会主義国と言ってきた。だが実際はソ連が社会主義であったことは、1日も1時間

もなかったのである。私がこう言うと、怪訝な顔つきになる人が実に多い。世界中がそう言っているだろうと。だがおかしいであろう。スターリンは自分から「ソ連は社会主義国だ」と決めたが、それはレーニンの言う通り間違いなのである（『レーニン全集』の革命時期辺りを読めば分かる）。高度資本主義経済の下で働く圧倒的多数の工業労働者だけが管理運営する、できる経済が、社会主義経済なのである。

スターリン政権時代の全期間（1925～1953年）を見ても、そんな労働者などどこにもいないのである。勿論1991年ソ連崩壊時にも見当たらない。当然である。ソ連はかなり発達したとはいえ、高度資本主義経済にまでは至っていないからである。これが厳然たる事実である。革命時期の指導者レーニンがそう断言していたのである。その証拠に『レーニン全集』で革命時期の文書を読めば、一目瞭然である。当時、スターリンやトロツキーらが、ソ連社会主義国を唱えたことは事実である。だがそれを直ちに厳しく批判したのはレーニンである。なぜ批判したのであろうか。

ソ連政権の中で、レーニンだけがマルクスと同じ考え方＝唯物弁証法による思考法・社会分析ができたにすぎないのである。それは先ず、ソ連社会の土台＝経済はまだ全く未熟な資本主義経済であった。封建末期やっとフランス資本を受けて始まった工場生産が定着し始めて間もない時期であった。当然に当時の〝働く人〟は圧倒的に農民であった。工場労働者は数パーセントにすぎなかった。この経済状態を軽視して、口先だけで社会主義を叫んだのが、スターリンやトロツキーらであり、19世紀から急進化し、革命化した闘う農民であった。

ここで重要なことは、たとえ〝革命化した農民〟であっても、それが工場労働者の革命化とは違うことである。ましてや、労働者による全企業、地域、全国経済を管理し運営できる組織力ある運営などは、農民にはできないし、その意識もないのである。『レーニン全集』に収録されている、当時のたくさんの論文、報告、党内演説から、未熟な経済に対応して労働者の組織的運営能力の未熟さを前進させようとするレーニンの血の出るような努力、励まし、指示の数々が、われわれ読む者に伝わってくる。レーニンは、ロシア革命後を決して社会主義とは言えないと断言し、スターリンやトロツキーらの軽薄判断を厳しく批判した。政権内でレーニン唯一人が科学的に正しく判断した。革命化した多数農民やボルシェビキ（党内多数派）たちの風評的社会主義叫びに浮かれるレーニンではなかったことが分かる。

マルクスの科学的社会主義では、労働者が「賃金奴隷」的立場から解放されて初めて、全く自由な存在となり、社会でのすべての差別が消える。ところが、的場氏は、ソ連は社会主義だと言いながら、官僚や中央集権制度があると言う。明らかな矛盾である。実際に「官僚や中央集権制度」があれば、それは社会主義ではないことを証明している。だからソ連は社会主義ではなく、それ以前の社会＝資本主義社会であることを証明している。

ソ連においては、レーニン政権時に官僚主義が再現し、拡大してきたと公式報告がなされた（1921年以降『レーニン全集』）。彼はそれから死去（1924年）するまで官僚主義と全力で闘ったが、成果をあげられなかった。そのわけは明白である。彼は1921年ソ連社会の土台は、国家資本主義経済であると確認した。それはつまり国家統制下ではあるが、資本主義経済である。革命直後には消えていた官僚主義だが、資本主義経済が進展するにつれて、官僚主義と中央集権制が拡大する一方となるのは必然である。残念ながら彼は闘いながら1924年に死去する。次のスターリン政権は、官僚主義と闘うどころか、それを利用して共産党内を支配し、官僚機構を拡大した。彼は封建的大ロシア民族主義の信奉者であり、官僚主義がロシア革命に逆行するものという意識すらなかったのである。

官僚機構の拡大は国家資本主義の発展の結果である。すなわちソ連は紛れもない資本主義経済国である。全く社会主義国ではあり得ない。社会主義が進めば官僚主義も消滅するのである。官僚主義や中央集権主義は資本主義社会では消えないのは、なぜであろうか、人は社会的地位や権力を手に入れるにつれて、経済的収入も多くなる。だからである。氏のように国家資本主義が分からなければ、官僚主義の発生も分からないのである。

更に「いつの間にか」という言葉がある。それはなぜ「官僚や中央集権制度」が登場してきたのか、氏には全く予想外の事態だという驚きの表現である。レーニンも言っているように、革命直後は、それらは目立たなくなっていた。それが徐々に目につくようになり、さらに拡大してきて、レーニンの死直前には、「国内最大の問題」と彼が言うほどにもなってきた。だが的場氏には、これがなぜなのか、皆目見当がつかないのである。氏には、ロシア革命で何が変わり、何が変わらないのか、なかったのか、厳密に検証する意志も自覚もないのである。

氏は、『レーニン全集』を読んだことがあるのであろうか。マルクス理論に対する関心のある世界中の学者・知識人・政治家たちは、少なくとも、『レーニン全集』のロシア革命時期と1921年以降の部分は必読である。彼はロシア革命後わずか7年で死去したのであるが、ロシア人で最もマルクス唯物論的諸論を学び、使ったのが彼であり、彼一人だけである。だが彼の理論的後継者が一人もいなかったのが残念である。

氏の理論的作業は、社会学的に事象を追うだけである。なぜそれしかできないのか。マルクスの唯物論的判断ができなければ、誰でも的場氏と同様な、意外さに驚くしかないであろう。それは明らかにスターリンの誤った「ソ連社会主義国論」を疑いもしなかったからである。社会的事実や事象は真面目に集めるが、それをまとめることしかしない、できない「社会学的分析」だからである。マルクスの「唯物弁証法」以外には、社会現象の本質を見極めることができる思考法はないのである。

❑「共産主義のルーツはどこにあるのか」と宗教論に迷い込む第2章

氏は語る。「『エデンの園』これこそ共産主義思想の淵源ということができます。そこで、これから『エデンの園』について書かれた『旧約聖書』の『モーセ五書』の巻頭『創世記』に沿って、共産主義思想がどこから生まれたかについて歴史的に考えてみたい」(62頁)と言う。

氏はマルクス科学理論を全く「思想」としか扱えない。ここで氏は宗教教義『旧約聖書』での人間救済論の文言が、共産主義（マルクスの共産主義・社会主義）の労働者階級の解放論と似ていると類推して、原点扱いをする。これはマルクス科学理論を「思想」扱いすれば、科学理論を一つ一つ現実社会で存在するかどうかを、検証する作業は全く必要がなく、氏が自分勝手に当てはめるだけで良いわけである。「思想」ならば、それを読む人が全く自由に読み進めればよく、もちろん誤解してもかまわないのである。氏が勝手に宗教書と関連付けても、誰も非難はしない。しかしその関連付けが、的外れならば、人はそれを信用はしないだけである。

マルクスは既に30歳までにキリスト教などの宗教論義を克服し終わっているのである。中世キリスト教教義の最高峰であるドイツ人哲学者・ヘーゲルの「自然哲学」「自然弁証法論」を根本的に克服しようと研究し、その自然弁証法哲学の唯物論的顚倒をおこなった。そこで唯物論的世界観（地球・宇宙に存在するものの基本は物質であること）、唯物社会論（人類社会の基本構成論）、唯物史観（人類社会発展の基本法則論）、弁証法論理学（あらゆる存在物の対立と統一の基本法則論）を確定したし、思考法も唯物弁証法思考を決定したのである。こうして人間社会の科学的法則の基本論発見を一生涯追究したのである。

従ってマルクス科学理論には、氏のような古典宗教論（空想論）の入る余地はどこにもないのである。勿論宗教教義に類推判断をして、共通点を当てはめるのは、誤りである。氏は、このことをよく覚えておいてほしいのである。

評論7

『朝日新聞』「特集　ロシア革命100年」2017年11月17日

「日本共産党・不破氏へのインタビュー」の問題点と総括

ロシア革命の衝撃は、世界中の労働者、農民、知識層に大きな影響を及ぼし、20世紀後半まで革命的行動や民族独立運動のうねりとなり、各国支配階級にも支配体制維持への妥協を迫るほどであった。特に働く者〈労働者、農民〉に力強く生き、新しい社会を目指す目標として社会主義が掲げられた意義は実に大きい。

だが、期待されたソ連社会の現実の様相が徐々に明らかになり、ソ連政治についての疑問が深まり（例えばポーランドでは、ソ連軍がポーランド革命家を大量虐殺するなど）、第二次世界大戦後には欧州各国で反ソ連の民族的反抗が起こった。ついには1991年ソ連の崩壊となって、世界中に失望と幻滅すら与えてしまった。ただそれが期待の大きさと結果の惨めさとのギャップの大きさのあまり、なぜ崩壊にまで至ったのか、なぜ社会主義社会へ届かなかったのか、どのようにして崩壊したのか、その答えに世界中が永い間迷ったままであった。

ロシア革命から100年もたったのに、それを客観的に、科学的に解明する作業が今までなされなかったのである。その作業は、それこそ、マルクスの唯物弁証法を使わなければなし得ない。これは唯物社会構成論、唯物史観などであり、彼と同じ方法で考えることなしには不可能である。欧米日の先進諸国のすべてのマルクス主義者、マルクス支持者、そして何より世界中の共産党、さらに労働者党・諸派の全て、最後に社会主義に関心がある世界中の学者や知識人たちのすべてが、マルクスの思考法を無視した結果が、これである。

この思考方法は、ソ連共産党以下世界中の共産党が、正しく捉えることもできず、世界中に広げることができなかった。その解明の作業は、もちろん誰もやらなかったわけではなく、多くなされた。特に西欧ではいわゆるマルクス主義哲学者が多く登場したが、どれも論者の主観的こだわりや視野の狭さ、また悪意もあって、ただソ連の現実や事象を寄せ集め、それをまとめることしかできなかった。これは現在、先進国などで常識的な学問・分析方法＝社会学的研究であり、アメリカ文化のプラグマチズム（実用主義）思考法でもあり、現象的事実を集めてそれをまとめる方法である。だがこの方法は社会の現実・現象を作り出す原因や法則を解明できる方法ではないのである。従ってほとんどの研究者がこの限界を突破できなかったのである。唯ただ〝事実に基づくことだけに拘わる分析〟だからである。

だがマルクスは、誰もが知っているように普通の学者の何倍もの徹底的な資料集めに基づく原因発見作業を死ぬまで貫いたのである。その結果が唯物社会（構成）論と唯物史観であり、弁証法論理学である。彼の死後の今まで１３５年以上にわたって、世界中でマルクスは称えられてきたが、彼の書物を細かく解説するだけで、何がなぜ偉大なのか、探り当てることを怠けた学者や知識人ばかりであった。彼らは皆、先進国であることを自慢し過ぎて、その個人主義的、社会学的分析法を鵜呑みにしたにすぎない。現在世界中での社会主義論の混乱と停滞は、その惨めな結果である。

まとめれば、唯物論的世界観、唯物社会（構成）論、唯物史観、弁証法論理学。これが宇宙、人間社会の在り方とその歴史過程の基本法則理論であり、マルクスによってのみ示されたものである。これらの用語だけは確かに世界に知られたが、その正しい内容はきちんと知らされなかったのである。しかもこのマルクスの思考方法を世界中の誰一人として実際に使った者はいなかったのである。実に不思議である。不思議どころか、愚かだとしか言いようがあるまい。以下、その最重要な点のみを論じる。

【記事1段目】

❑「インタビュー」導入部での誤り

記事冒頭に「労働者による革命で社会主義を打ち立てようというマルクスの思想が、ソ連という国家の形で実現し」たと編集者は語るが、ここには幾つもの誤りがある。

まずロシア革命で誕生した国家は、全くマルクスの言う社会主義国ではなく、明らかな誤りである。実際にはそれは社会主義以前の社会（国家資本主義経済を土台とする）であり、政治体制は「民主共和国」（正確には「人民民主共和国」）でしかないのである。なぜ「人民」なのかは、圧倒的多数の社会下層の農民と、少数の労働者による連合権力だからである。通常の西ヨーロッパの歴史ならば近代社会は、すでに経済では大商人が登場し、彼らの（経済）自由主義・（政治）民主共和国となるが、ロシアは、発展が遅れ、大商人の登場がなく、政治的成熟が遅れ、中級商人や下層農民による近代化となり、1917年2月革命では彼らが中心となるケレンスキー政権が登場する。だが革命化した農民はそれに飽き足らず、レーニンの社会民主労働党（ボルシェビキ）を先頭に10月革命を起こした。従って「マルクスの思想が実現した」のではない。何よりも革命の指導者レーニンがそう断言している。『レーニン全集』の革命前後を読めば、一目瞭然である。是非確かめるべきである。

20世紀中、スターリン期以降広まったデタラメな「ソ連＝社会主義」評価を、もうそろそろ改め消去すべきであろう。ロシア革命を社会主義革命と叫んだのは、レーニン以外のスターリンやトロツキーらである。誕生したのは社会主義国家とか「労働者国家」とか彼らは言った。だがレーニンは直ちに彼らを厳しく批判した。当時の経済的に遅れたいまだ農業国のロシアでは社会主義革命実現などあり得ないと語っている。なぜか。当時のロシアでの働く者とは圧倒的に農民であって工場労働者はわずか数パーセントに過ぎなかったからである。マルクスの科学的社会主義は、働く者が圧倒的多数の工業労働者として生活する高度の資本主義経済の下でしか実現できない社会のことである。

マルクスの『共産党宣言』第一項にあるように、「ブルジョアとプロレタリア」の2大階級（資本家と労働者）の対立とは、何を表しているのか。これは明らかに最先進資本主義経済での現象である。封建時代の末期、わずかに資本主義経済に差し掛かったばかりのロシアなどではないのである。従ってレーニンのロシア革命の評価が科学的で正しいことになる。彼はロシア革命は「労農民主革命」であり、「革命的民主独裁政権、民主共和国」の登場であり、社会主義社会ではないと語った。革命政権の中ではレーニンの存在は、例外的であり、ほとんどのボリシェビキは、スターリンのような農民出身である。彼らの方がムード的に社会主義革命をスターリンと共に叫んだのである。そのような風評的流行語に浮かれるレーニンではなかった。だがレーニン没後スターリンによって、風評的流行語の「社会主義」がソ連の看板にされてしまったのである。

勿論農民も社会主義を唱えることはできる。だが農民の社会主義は労働者の社会主義とは、全く違う。このことは既に1848年の『共産党宣言』でマルクスはきちんと述べている。ロシア革命の70年も前である。だが悲しいかなマルクス支持者のほとんど、いや全てがこれを無視したか、忘れてしまったわけである。これを歴史的経験や事実で確かめれば、1949年からの中国で毛沢東政権がやった農民主体の社会主義経済政策は、ことごとく失敗したことが、その証明である。農民的社会主義は実現不可能な幻想でしかないことが分かる。

つまり社会主義とは、誰がそれを語り、やっても良いのではなく、先進資本主義経済下で訓練された多数労働者の組織力と、その経済での矛盾の拡大の下でしか、それを実現できないのである。だからマルクスの社会主義理論は、歴史的条件にのみ依拠する「科学的理論」なのであって、単なる「思想」論ではない。このことをマルクスの盟友エンゲルスが、名著『空想から科学へ』で述べている。

❏「ソ連社会主義国」論は風評語に過ぎない

マルクス没（１８８３年）後ずっと今まで、曖昧で、さまざまな社会主義思想論が唱えられてきたのである。特にロシア革命ごろから、農民、労働者、あるいは中小企業者や中間的知識層などがいっしょくたに社会主義者とされ、曖昧にされてきた悪い習慣が今なお続いている。なぜそうなったのか。19世紀後半から欧米先進国が独占的巨大企業時代へ進み、帝国主義国家になり、発展途上国支配へ突き進んでいった。発展途上国は、次々と植民地化されてゆき、自ら民族独立運動を起こして闘い始めたのである。その闘いのスローガンとして社会主義とマルクス主義が叫ばれたからである。

だが発展途上国はすべて発展の遅れた経済の農業国である。農民も社会主義を目指そうとして、社会主義思想が世界に広がったわけである。勿論農民などは労働者の社会的な敵ではなく、あくまで労働者階級が主体的に考え、行動することが大切だということである。社会的立場からして労働者のみが現代企業で「賃金奴隷」として不自由を強制されているのである。だからこそその奴隷的労働強制の資本主義社会を実力で廃止しなければならない。もちろんいわゆる「暴力」でではなく、その組織力で政治的に権力を取り、まず資本主義の廃止宣言をする。ここから社会主義へ進むわけである。

ゆえに貴紙の冒頭文は誤りである。ロシアでは革命政権、指導部において、労働者社会主義者と言えるのは、レーニン唯一人であった。マルクスと同じ弁証法的思考力を持ち、実践的に使えるのは、彼一人にすぎなかった。だから1924年に彼が早死にした後には、レーニン、マルクスと同じく唯物弁証法論で考える者は政権内には一人もいなくなった。次のソ連のスターリン共産党政権は、レーニンに批判されたことも無視して、ソ連社会主義国を唱え世界中に宣伝し、それが世界の「常識」となってしまった。欧米先進国は、権力者などの有力者の言うことをそのまま鵜呑みにし、スターリンの言ったソ連・社会主義国の名称もそのまま認めてしまい使ったのである。

スターリンは、レーニンを神様扱いし、モスクワ「赤の広場」にレーニン廟まで建てて崇めた。スターリンはレーニンが死直前に暴露したように、ロシア革命で否定された封建ツァーリ皇帝のロシア帝国主義信奉者であった。彼は当時の革命化した多くの農民の闘いにうまく便乗して闘いに参加したわけである。ずる賢い彼は自らをレーニンの後継者と呼び、レーニンの論説をすべてマルクス以上と説き、レーニン論説の中の未熟な点、あるいはマルクス科学理論からの逸脱さえも、正当化・絶対化し、いわゆる「マルクス・レーニン主義」と唱える始末であった。

このように革命期のロシア・ソ連で革命の理念と反する人物ですら革命政権の要職に就ける程度の変革運動がロシア革命であった。政権内でスターリンの反動性を見抜けたのはレーニン唯一人であったが、その時彼は死の床にあった。トロツキーら他の指導者らは、誰もそれを見抜けなかったのである。こうしてスターリン共産党の政策のすべてをマルクス・レーニン主義「正統派」として権威付け、国際共産主義運動でも権威主義的押し付けを実行し、世界に悪影響を広めたのである。日本共産党もソ連政治を「正統派」と容認し、１９６０年代まで踏襲してきた。

❏不破氏のスターリン評価の大転換

日本共産党の理論指導者不破哲三氏は、党生え抜きとして東大時代にはソ連不信の学生を「正統派」の反逆者と語り、弾圧してきた人物である。彼は貴紙の「インタビュー」で巧妙にそれを隠して語っている。ところが彼が１９８０年頃、突然スターリン批判を始めた。「スターリンソ連は、社会主義とは無縁の人民抑圧と覇権主義」の圧政であると。それは著書『マルクスは生きている』（２００９年、平凡社新書）にも書かれている。不破氏のレーニンとスターリンとの「善・悪」真逆評価も問題である。レーニンは正しかったが、スターリンは悪の極みというわけである。この２人には勿論違いがあるが、共通している面もあることを氏は見逃している。

1921年レーニンはロシア経済は「国家資本主義」と認識し、確定した。これが正しい客観的・科学的認識である。決して「社会主義経済」などとは語っていない。科学的判断を一貫すれば、この経済の上にある政治形態は、ブルジョア共和国（例えばロシア共和国連邦）でしかない。当時のロシアには大企業がなく大資本家は登場していなかった。従って革命勢力は資本家階級の下層＝農民と労働者（実態は圧倒的多数の農民に支持された少数労働者）の連合政権であった。どんな人間社会でも、社会の基礎（土台）は、経済である。つまり当時のロシア社会の土台は資本主義としてもまだ未熟な段階だということである。ここで重要なことは、未熟な資本主義経済は、そこから社会主義へは絶対に連続しないのである。

しかしここでレーニンは最初の過ちを犯す。マルクスの科学的歴史論＝「唯物史観」から逸脱していく。彼は経済的に遅れたロシアは西欧先進国が、労働者革命を成功させその援助の下でなら、社会主義段階へ到達できると考えた。政治権力の共産党の下でなら、それができると考えてしまった。常識的には、そう考えるであろう。しかしそれは科学的には間違いである。政治が社会の決定要因ではないからである。経済がその社会の基本性格を決めるのである。共産党も含めて、この唯物史観〈社会発展の基本法則論〉の正しさが分からなかったのである。

何よりも当時の西欧諸国の労働者革命は、簡単に敗北してしまったこと、特にドイツの労働者政治組織（社会民主党や共産党）の未熟さが決定的であった。ロシアでのレーニンによる政治指導からすると、びっくりするほどの幼稚さであった。レーニンの名著『共産主義における左翼小児病』にある。

次に、最も重要なことであるが、政治権力がどれほど強くても経済制度を根本的に変革することはできないのである。これがマルクスが解明した唯物史観（人類歴史の根本法則）である。資本主義社会での学問研究では、一般的に強い政治権力があれば、それができると、常識的に考えてしまうのである。これを共産党をはじめ全世界のマルクス支持者すべてが、分からなかったか、重要視しなかったのである。貴紙の担当者はそれが分からなかったのであろう。ここにマルクス唯物論科学からレーニンの逸脱が現れたのである。それは何であり、なぜなのか。マルクスの唯物史観と比べてみよう。

❏マルクス唯物史観の要点

マルクスは語る。「一つの社会構成は、それが生産諸力にとって十分の余地を持ち、この生産諸力がすべて発展しきるまでは、けっして没落するものではなく、新しい、さらに高度の生産諸関係は、その物質的存在条件が古い社会自体の胎内で孵化されてしまうまでは、けっして古いものに取って代わることはない」と。この文の意味することを分かりやすく言えば、こうなるであろう。「一つの社会構成」とは、例えば資本主義社会とすれば、「それが十分包容しうる生産力がすべて発展し切るまでは」、つまり資本主義経済の生産力が最高度になるまでは、決して**没落するものではない**、ということである。未熟な資本主義社会は、最高度の発展段階になるまでは、決して「新しい、さらに高度の生産関係」＝社会主義経済に「取って代わる」ことはないのである。

マルクスの歴史科学論の本質がここに表れている。レーニンが未熟なソ連国家資本主義経済をソ連共産党政権の下で管理運営しても、「決して」社会主義経済へ転換することはできない、という意味である。先進国全ての近代史では、一つの例外もなく、封建農耕経済から資本主義経済へと転換している。またソ連経済は1917年から最後の1991年まで一貫して国家資本主義経済の発展でしかないのである。そして20世紀の自称〝社会主義国〟の実態はすべて「国家資本主義経済」（＝発展の未熟な資本主義）である。しかもソ連はスターリン期の1930年代に経済五カ年計画を重ね大きく発展し、30年代末には帝国主義段階にまで到達したのである。

今の中国も最近20年間の大発展の結果、ソ連スターリン期と同じく新帝国主義国となっている。かつてスターリンが始めた大軍事パレード（軍国主義の象徴）を2018年、習近平が行ったわけである。新しい軍事的帝国主義・中国の登場である。これらはマルクスの唯物論的分析でなければ、正しく確認できないであろう。現在の中国は、アメリカと同じく覇権的帝国主義へ突き進んでいる。

レーニンが革命前に著した『帝国主義論』が有名である。それは近代資本主義経済が大きく発展すれば、必ず必然的に外国支配の「帝国主義」段階へ進むことを解明した科学理論である。まさに１９３０年代末にソ連はこの段階に至ったのである。それを象徴するのが、１９３９年にヒトラーとスターリンが締結した「独・ソ不可侵条約」である。この条約は、ヒトラーとスターリンが共に東欧を分割支配する秘密協定であった。

ついでに言えば、近代帝国主義は、英仏米の最先進資本主義経済国が19世紀の後半から大独占資本主義に至り、ともに先進帝国主義国となり、発展途上国支配へ突入した。イギリスは、ずっと早くインドへ支配を始めた。それに続くドイツ、イタリア、日本が急追し、１９３０年以降、後発帝国主義国となった。後発帝国主義国は、初めから軍国主義として登場し、軍事的帝国主義が特徴である。それに続いてソ連が軍事的帝国主義国となった。今現在では、中国が新軍事的帝国主義国に至ったのである。次はロシア連邦がそうなるであろう。

最近になって、不破氏が中国についても、帝国主義への転化を語るようになった。10年前までは、中国は社会主義への「過渡期」にあると語ってきた（前記、著書『マルクスは生きている』）。だが彼は今回も、なぜ評価を大きく変えたのか、誠実な説明をしていない。もちろんマルクスと同じく唯物史観を使った合理的説明など全くない。唯物論的思考は、それこそ彼らとは無縁の方法である。いかなる意味でもマルクスと同じ「共産党」を名乗る資格はない。中国共産党も同じである。どちらもマルクスの『共産党宣言』を裏切る偽造者である。

❏レーニン指導時期を「どんでん返しにしたのがスターリン」と語るがそうであろうか

「スターリンは30年代には共産党と政府の絶対的な支配権を握り、社会主義とは本来無縁の独裁者に」なったと不破氏は語る。この評価は世界中で〝公認〟されているが、果たしてそうか。氏は、今になっても1930年代のソ連を総体的に捉えることを怠っている。

そもそもソ連でレーニン死後の最高権力者となったスターリンとは何者か。このような確認作業すら、氏は怠っている。ソ連は既に1920年代から国家資本主義経済がほぼ順調に発展している。その結果、ソ連では、工業と共に農業なども進む。だがそれと共にレーニンの恐れていた「官僚主義」が国全体に広がってゆき、ついに共産党内にもはびこる事態となってきた。もちろんレーニンはこれと全力で闘ったが、勝てずに死去した。

これが「レーニン最後の闘い」と呼ばれ、同時期の『レーニン全集』にある。だが私は前方で論じているが、官僚主義は人類社会が分裂し始めた古代社会以降、6千年間の政治社会に付随している事象である。従ってそれに勝つには、分裂社会を無くす社会と共に、あるいはそれを目指す革命行為の中でしか、実現しないであろう。従って彼の死直前の「最後の闘い」は、共産党というごく限られた中での狭い「闘い」となったため、当然にも勝利することはなかったのである。

ところで農民はロシア革命でレーニン政権（少数派の労働者政権）を支えたが、この農民が資本主義経済発展で政権から自立し始めたのである。スターリン政権誕生頃には政権のコントロールが難しくなるほどになってきた。実は全国にはびこる官僚主義は当然に共産党内の雰囲気にもなり、この雰囲気にぴったりの権力者が登場したわけである。それがスターリンである。ソ連の歴史では、世界のほとんどの論者が、共産党政権内でのスターリンの評価はかなり低く、レーニンの秘書程度であった。しかしスターリンはこの地位をフルに活用し官僚主義的党員を増強していった。こうしてまさにスターリン時代にソ連官僚主義は社会の中軸となった。そして１９３０年代は経済五カ年計画の積み重ねで、大きく成長するとともに、悪名高い専制政治（粛清）が続いた。

不破氏は、この専制（粛清）政治の面だけを語り、独裁者と批判する。では同時期に他方でスターリン政府は、ソ連経済の高度成長を実現している。氏はこれを頭に入れていない。全くの片手落ちである。独裁（悪政）と高度成長（善政）との同時進行であるのに、事実の片方のみを取り上げ他方を無視する意図的な語り方である。あれかこれかの思考しかできない氏には、この時期のソ連は、到底扱い切れない難問である。これは社会科学的判断と分析において最も難しい問題の一つである。今までこの時期を研究し論じたすべての論者のなかで、この二つを統一的に把握し解明した人は見当たらない。

当時、新権力者となったスターリンの目の前の状況は、国際的には帝国主義列強国によって周囲を取り囲まれた弱小国ソ連は自国内が一つになるほかに困難な国家自立策はない、ということであった。そこでスターリンは１９２５年演説で「ソ連は社会主義への建設に必要なすべてが存在する」と国民の結束を呼び掛けた。この演説は国際的には誤解され「一国社会主義建設可能論」として誤った政治路線（貧しいソ連1国だけで、社会主義への条件が貧しく、建設不可能だ）と非難されたものである。しかし、これは国民結束のための「檄文」であろう。だから国内結束を少しでも乱す者には厳しく対応し、容赦ない処分を行った。これが「粛清」であった。

20世紀中に被植民地から独立したが経済的に弱い発展途上国での軍事政権が国内統制政治を多く行って、経済自立を進めたが、ソ連のスターリン専制政治は、そのモデルケースとなったのである。このように捉えれば、いわば「開発独裁」の苦肉の策であろう。だから氏のような独裁（悪政）だけの判断は、客観的真実が分からない評価であろう。不破氏のように、これを単に独裁政治＝悪政という短絡判断では、正しく現実を捉えることはできないであろう。ここでもマルクスの分析方法こそ事態を正しく捉えることができよう。

【記事2段目】

❏日本共産党の「自主独立路線」とは

不破氏の語る「自主独立路線」というのは、もともとスターリン共産党の路線を鵜呑みにし、前提にしていた日本共産党であったから、ソ連共産党からの自立が困難な作業であったことを語っているにすぎない。当時共産党はマルクスの著書を精力的に学習していたはずなのに、唯物論的判断がまるでできなかったのか、と言うべきである。事実日本共産党は創立してから１世紀近いが、今まで一度も「労働者の党」と明確に語ったことがないのである。これは今でも同じである。ソ連共産党時代から、農民と労働者とを曖昧に社会主義者と同類視し、その同じレールの上で自立することの困難であった日本共産党である。これでは党外からの広い共感は得られないであろう。事実、われわれには、ソ連と日本の共産党同士の争いは、「同じ穴の狢」にしか見えなかった。

❏地球温暖化について

この文では、資本主義が「試される」と氏は語る。なぜ「試される」と曖昧に語るのか。氏は地球温暖化は資本主義経済から必然的に起こされた現象だとは考えないのか。もし「必然的に」起こされたのなら、結果は、「試されるとか、～かもしれない」とはならないはずだからである。氏の言説では、科学的判断を追究する姿勢があまりない。それはなぜなのか。資本主義経済とは何を第一に追求する体制なのか。氏は地球温暖化は資本主義の下で、やりようによっては解決できると、考えているのであろうか。氏は他でも社会問題の事態を客観的に語ろうとして、よく曖昧に表現することが少なくない。今では地球温暖化の未解決が、アメリカでも資本主義の末期症状や終焉だと語る論者は、ますます増えている。それを氏はどう考えるのであろうか。

【記事3段目】

❏貴社の聞き手の質問自体が誤り

すでに【記事1段目】「インタビュー」導入部での誤り（178頁）で指摘済みである。

❏「自由な人間関係が生まれる基礎があって、初めて社会主義が生まれる」と語る。そうだろうか？

氏は、ここで何を語っているのか。「自由な人間関係が生まれる基礎があって初めて社会主義が生まれる」と言う。曖昧である。それは「自由な人間関係が生まれる基礎」という表現である。もし自由な人間関係があったら、それ自体が社会主義であることである。自由な人間関係がないからこそ、社会主義への革命を目指す必要があるわけである。氏はなぜこのように曖昧なことを言うのであろうか。一見正しそうに語る、だが厳密ではないのである。

そもそも今の日本で「自由な人間関係」とは、どこの誰のことか。日本資本主義社会において、基本的に不自由な社会的存在は誰であろうか。社会というものを考える場合、まず何を大切と思うか。言い換えれば社会の中で一番基礎にあるのは何であろうか。マルクスの言う「物質的生活」である。つまり「経済」である。経済が社会の土台だと彼は言う。では経済において不自由な人間達とは誰であろうか。

基本的に自分で生きていける人たちとは、誰か。自分の所有する「生産手段」を持っている社会層である。まずすぐに分かるのは、大企業や会社所有者であり、一般に経営者層である。また金融、金利生活者（普通大金持ちのこと）、中小企業者、個人企業家もそうである。彼らは大資本家よりは財産や資本が少ないだけである。農民も農地（生産手段）を持っている。これらの人達は自分の所有物（資金）で生きてゆけるのである、学者や知識人たちも安定した生活ができ「中間層」と言われる。

後はそれ以外の人達である。もちろん子供や未成年者、お年寄りである。それ以外の人達は労働者階級である。労働者という言葉は元々は広い意味であったが、そのうち工場労働者と言われるようになり、広範な事務系労働者は勤労者（サラリーマン）と言われている。これをまとめて「働く者」と言われる。古くは「労働者階級」と言われてきた。反対に生産手段所有者の全体を「資本家、資産階級」あるいは「有産階級」と呼んできた。

マルクスの有名な『共産党宣言』（１８４８年）では、資本主義社会では基本的に資本家階級と労働者階級との２大階級の対立社会と規定されている。この労働者階級は、自分で生きていく手段（生産手段）を持っていない社会層である。企業・会社に雇ってもらわなければ、生きてゆけない社会層である。これを古くは「無産階級」と呼んだ。この社会層は、マルクスの言葉で「賃金奴隷」と言われる。会社に雇われ給料をもらわなければ、一日も生きてゆけない人々というのである。今から６千年ぐらい前からの奴隷と同じくやっと生きてゆけるだけの人間である。資本主義経済では、厳しい競争のため企業の利潤や資本を多くすることが絶対命令だから、どこまでも労働強化の下で労働者は搾取され、生きていくほかない社会層である。この社会層は企業や経営者によっていつでも首にされる弱者である。過酷な残業、労働災害が絶えず起こるのである。

この人たちは、今の社会で自由のない層である。マルクスは現代労働者階級を資本主義経済制度で賃金奴隷として縛り付けているからこそ、この資本主義社会を労働者が団結して廃止しなければ、自由な人間になれないと語っている。現代労働者階級は人類社会歴史の最後の奴隷と位置付けている。この最後の賃金奴隷の解放があって初めて、すなわち社会主義社会の始まりであると説く。

だが、日本共産党の理論的文章は、いつもこのことを曖昧にしか語らない。例えば、氏はこの記事3段目で「自由な人間関係が生まれる経済的基礎」と言うが、まるで資本主義経済の下で、すでにその基盤があるかのような言い方である。それは完全に間違っている。その基盤が労働者にはないからこそ、その基盤を廃止しなければならないのである。これが真実である。マルクスの社会変革期論は、ここにとどまってはいない。経済的基盤がどうなっているかまで論じているのである。前掲の引用例「経済学批判、序言」を読めば、すぐに分かる。そこには客観的条件と共に主体的条件（労働者階級の団結した闘い）が不可分の関係で掲げてある。

【記事4段目】

❏「自民党は劣化した」と氏は語る。そうだろうか

「劣化」とは何を言いたいのであろうか。「自民党政治の中身は財界密着と対米従属で昔から変わりませんが、今は『戦前回帰』というウルトラ右翼の潮流が加わった」などだと言う。相変わらず「対米従属」という民族主義的規定であるが、歴史的には「従属」とはかつて植民地主義支配の時代にそれに近い被支配状態を指す言葉であった。その言葉をいまだに使うのは、おかしい。

日本は独立国であり独自の政治的統一国家でもある。この事実関係をいまだに的確に認識できない視野の狭さと古さには呆れるばかりである。アメリカと日本との違いは、資本主義の強さの違い（格差）であり、日本の自民党安倍政権と財界はアメリカに大きく依存している関係にあるが、アメリカに命令されて経済や政治をおこなっているのではない。この日米の力関係を厳密に捉えることが不破氏にはできない。

❏「更に『戦前回帰』というウルトラ右翼の潮流が加わった」とは何のことか

「戦前回帰」とは第二次大戦前の軍国主義政治時期のことを指すようである。果たしてそうであろうか。氏は共産党の理論指導者を長年担当してきた。ならばもっと厳密に政治状況を把握しなければならないであろう。氏は最近の安倍政権下の政治を語り警告したいようである。安倍首相の政治は、軍国主義政治だろうか。まず「軍国主義政治」とは、どのような政治のことであろうか。軍事的政策が政治の中心を貫く政治である。氏は安倍政治を強く警戒しているようである。だが氏は現実を客観的に、科学的に国民や党員などに知らせる義務があろう。氏は安倍政府の政策を警戒するあまり、大戦前の極端な軍国主義政治を持ち出している。

「ウルトラ右翼」とは何であるか。恐ろしそうな極端な言葉を使えば、説得力があると思うのであろうか。それは理論家としては誤りであろう。なぜかと言えば、確かに安倍政治は今までの民主主義政治の慣習を軽視・無視することが増えてきたが、国民の反発を受けなかなか先へ進みにくいのである。それは軍事大国アメリカの力を利用する政治以上ではないからである。日本の支配階級の政治をより強く推し進めようと彼は意図していることは事実である。

しかし不破氏のいうように「対米従属」＝アメリカに命令されて、従属的に政治をしているのではないのである。そこには資本主義経済が大きく発展すれば、必ず必然的に海外への膨張政治を進める帝国主義段階へ至ると科学的に解明されている。第二次世界大戦で敗北したドイツと日本は、かつての軍国主義政治をとことん警戒された。両国とも自国軍隊は抑制されて戦後政治を始めたのである。これが日本国憲法の第9条である。この二国はその後大きく発展し、先にドイツが自国軍を設立したが、日本は国際情勢の変化に伴って自衛隊の海外派遣を強めている。どちらも既に経済大国となり、日本の安倍政権も帝国主義国際政治の一角へ登場しようとしている。これが現在の自民党・安倍政権の歴史的背景である。

不破氏の内外政治経済判断は、実に粗雑なものである。単に「戦前回帰」などという類推判断では現実過程を的確に国民に伝え、納得を得ることはできないであろう。これは今回の総選挙で当選者を大きく減らした一因でもあろう。国民は共産党の極端な表現には、嘘が含まれていることに気付いているのである。いつまでもそのような判断を続けるのか。疑い始めていることが見て取れる。氏は今先進国の学者や知識人の常識的判断をしているに過ぎない。その常識的判断とは、いわゆる社会学的判断である。それは目の前の分かりやすい事実をまとめることであるが、それだけである。後はそれを単に過去の例の似たような現象に当て嵌めるだけである。そこから現象の奥へは踏み込めないのである。踏み込むには唯一マルクスの唯物弁証法を使わなければできないのである。

評論8

資本主義に対する「最も危険な本」と著者は語るが、一体何が何ゆえに最も危険なのか、論証されていない

D・ハーヴェイ著『資本主義の終焉』（2017年　作品社）

❏はじめに

D・ハーヴェイ氏のような欧米の学者や知識人のマルクス論者の論文において「矛盾」（ディアレクティーク）という言葉が使用されたことは、とても珍しいことである。矛盾という言葉は、日常生活では、前後の行為や発言が一貫していないと非難に使われるのが普通である。だが、これを社会的な物事や自然界を科学的に解明する重要語として使うことに気付いた人は、欧米でもドイツを除いては非常に少ない。少ないどころかほとんどいなかった。特に米・英では全く使われてこなかった言葉であると言っても過言ではない。ただドイツでは19世紀以降優れた哲学者が何人も登場し、特にヘーゲルの矛盾論など膨大な哲学論、著書は、多くの人に影響を与えたものである。その内容の多くは、次の時代への理論的継承となる豊かなものであった。

私は興味深くハーヴェイ氏の本書を読み始めた。だがすぐに疑問が湧き起こってきた。それ

は「矛盾」についてである。そこには幾つもの「矛盾」の事例が挙げられてはいるが、肝心な点、特に科学的分析において重要な点が抜けているのである。マルクスの掲げた意味での「矛盾論」とは、似て非なるものというより、大いに異なるものである。その点について述べてみよう。

20世紀の事例で言えば（21世紀の今現在でも）、欧米のマルクス支持者、特にマルクス主義哲学者は実に多く登場してきたが、その全てがマルクス著書を単なる「思想論」として扱うという共通の欠点を持っていることである。マルクスのそれは、「思想論」ではなく、「社会科学論」であること、しかもその本質論であることを、彼らの誰一人として認識した者がいなかったのである。実に残念である。

例えば、本書の冒頭「はじめに」で「最初の『資本の』七つの矛盾は基本的なものだ。まさに、それらがなければ資本は機能できないからである。」と語る。そうであろうか。氏は「資本の機能」を語る前に、そもそも資本とは何か規定もしていない。資本という現象、資本という言葉は誰でも知っている。真剣な理論家ならこのような書き出しは、しないし、してはならないであろう。

「資本」という単語は日常的に使われ、よく耳にするものだが、果たしてその意味内容は誰でも分かっているものであろうか。違うであろう。ならば著者はそれを心得ていなければならないはずである。だから氏は、その意味内容をきちんと読者に知らせなければならない。少なくともマルクスは、すでに「資本」概念を明示している。ならば氏の使う「資本」はそれとは同じなのかどうか示す義務があろう。だが氏はそれを怠っているのである。氏は「資本」の概念などは分かり切っているとでも、思っているのであろうか。もしそうなら、科学的分析の基礎能力を疑われるであろう。

氏は、著書の14頁「本書の研究手法」で、「私が採用した研究手法は、カールマルクスの方法には従うが、彼の処方箋には必ずしも従っていないという点で、多少とも非伝統的である。」と語る。続いて「経済的思考や政策や政治力学における現在の空白状況から逃れうるとすれば、知的不毛のこの時代にあっては、探究手法や精神的観念のあり方に異質なものが必要になるのは明らかである。」とも言う。著者は、ここでいったい何を言いたいのか、不明である。これは、いわゆる内容曖昧で、思わせぶりの語り方である。

「マルクスの方法」と言うが、それはどんな方法であろうか。またマルクスの「処方箋」とは、一体何のことであろうか。そして「多少とも非伝統的である」とも言う。これまた思わせぶりの語り方である。その「方法」や「処方箋」も日常の言葉ではあるが、それだけではかえって分かりにくくなり、具体的に語ってもいない。そして「非伝統的」とも語るが、何が「伝統的」なのかもわからない。著者というものは、自分の使う用語の意味は、必ず読者に分かるように説明する最低限の義務がある。

これでは、「資本主義に対する最も危険な本」という自己評価も、思わせぶり以上のインパクトを読者に与えることすらできないであろう。逆にこれを褒めて使う邦訳者は単なる宣伝屋であろうか。日常用語を使えば、親切そうに見えるが、逆に意味曖昧になる恐れがあることは、著者も邦訳者達も周知のことであろうが。さて３９７頁から「日本語版解説」者・大屋定晴氏がこの著書をまとめ、解説している。よくまとまった解説である。そこで便宜上その文章を使って、内容を検討してみようと思う。

❏著者の目的は何か

邦訳者の大屋氏は、３９８頁で語る。著者の「目的は、難解なアカデミズム・マルクス主義や、特定の政治党派の教条的マルクス主義を紹介するのではなく、マルクスの著作を一般に親しめるものとし、その社会科学的思考法を提示することにあった。本書もまたこうした活動の一環にある。」と。そして著者は自著を「最も危険だ」と評しているそうである。更にそれは英米で多くの若者たちに見られる「反資本主義的なムードを、より論理的に一貫したものにすることにある。それは、資本の諸矛盾を分析することによって、反資本主義運動が生まれざるを得ない理由を解明し、この運動がめざす方向を提示しようとする。」とも語っている。この引用文の範囲でまず論評してみよう。

❏「A」

「難解なアカデミズム・マルクス主義や、特定の政治党派の教条的マルクス主義」は紹介しないと言う。どうやら著者は、ああでもない、こうでもないと自分の語りやすい範囲を選んでいる。冒頭から著者の語り方は、読者に対して「思わせぶり」を振りまき、これでは不親切な道案内ぶりである。「難解なアカデミズム・マルクス主義」などを、それがどんな内容のものか、平易でかつ適切な言葉で語らずに、なぜ避けようとするだけなのか。もちろん平易に語ることは、十分に可能であろう。従って、それができないのは、「難解なアカデミズム・マルクス主義」をしっかり把握し、説明すること自体に氏は自信がないことを語っていると受け取れるがいかがであろうか。

同様に「特定の政治党派の教条的マルクス主義」についても、同じことを質問しよう。歴史的事実としてどこの政治党派が「教条的」であったのか、その教条的とは、何が間違っていたのか。これを的確に説明することこそ、氏が読者から理論家として信頼を得る第一の方法であろう。それを行わずにただそれを避けるだけでは、読者は氏を信頼しないであろう。著者のこれらの言葉は、一見公平な立場の表明のようであるが、これも読者を甘く見ているから出てくる言葉であろう。

勿論私は、氏がそれをできないであろうことは、分かっている。なぜかと言えば。前述のように、欧州のすべてのマルクス主義哲学者が、20世紀から今までマルクスと同じ思考方法でマルクスを理解しようともしなかったことが、マルクス理解と解釈の最大の欠点であり、誤りであったからである。ではマルクス理論を「思想」として扱うか、科学論として扱うかによって、一体何が違うのかである。

20世紀からのマルクス主義者、支持者、紹介者、研究者のほぼ全員が（もっとも19世紀のマルクス存命中からもそうであった）、マルクス理論を「思想」として理解してきた。なぜそうだったのか。読者の皆さんも、是非これを考えてみてほしい。ではもし皆さんもマルクスの著書や理論を「思想論」として読み、理解し扱うならば、どのように扱うのであろうか。今までどのように扱ってきたのであろうか。実際に「マルクス思想」という言い方をごく当たり前に普通に耳にしてきたではないか。この言葉を何ら違和感もなく聞いてきたし、自らも使ってきたのではないだろうか。

ところがこの「思想」扱いが、実は当のマルクスとエンゲルスにとっては、全く受け入れられないことなのである。エンゲルスが紹介しているが、マルクスは存命中も彼の周囲にいた「マルクス主義者」と名乗る人達を、最も嫌っていた。この自称「マルクス主義者」はマルクスを支持し、尊敬もしている人達がほとんどであったが、その人たちを彼は「最も嫌っていた」のである。皆さんはこれがなぜか、分かるだろうか。別にマルクスが気難しい性格だったからではなく、この取り巻き連中の思考法は、彼の思考法とは全く違う思考法だったからである。

ではマルクスの思考法とは何であろうか。それは「唯物弁証法」的思考法である。マルクスは資本主義経済を論じるにあたって、資本概念から始めているだろうか、否である。なぜなら資本主義経済は、歴史上遥か以前から社会に登場してきた商品売買が遂にその完成段階に至った経済体制である。従って商品生産・流通が社会全体を覆っていることから、マルクスは、資本主義経済の基軸として「商品」の分析から経済論を始めているわけである。これが彼の著した『資本論』である。

❏資本主義経済の概念規定なし

冒頭に「21世紀資本主義は、破綻するか、ヴァージョンアップするか」というテーマがある。そして「危機・恐慌は、資本主義の再生産になくてはならない。」とも書かれてある。事実1825年以来、恐慌の度に資本主義経済は再編を遂げ、生き延び、発展もしてきた。だからこそこのような表現が可能なのであろう。しかしこのような資本主義経済の〝延命〟はますます困難になっていきそうであろうことも予測できる。私は「延命」と書いたが、ほとんどの論者はそのようなことは、予想だにしていないようである。

なぜであろうか。著者は、資本の危機や恐慌は「資本主義の再生産になくてはならない」と言う。そして「恐慌の度に資本主義経済は再編を遂げ、生き延び、発展もしてきた。」と語るが、今のところどのような再編をするか、どのように生き延びるのか、誰ひとり予想や予言する論者はいない。

❏「矛盾」あるいは、「資本主義経済の矛盾」とは何か、説明なし

著者は、なぜ「矛盾」という用語がマルクスや資本主義を論じるのに必要かを説明していない。これでは説得的な論旨とはならないであろう。この用語を取り上げる必要性や必然性がなければ、単なる言葉の遊びにしかなるまい。氏は、マルクスが人間社会やその歴史を科学的に解明するために、なぜ「矛盾」という用語を必要としているか、それも何ら説明をしていない。マルクスが使ったから、自分も使っただけなのであろうか。この本のどこにもその基本的説明がなされていないのである。マルクスは、資本主義経済の諸側面を自由勝手に取り上げて論じているのではない。最も重要な側面を取り上げているのである。それだけではなく、そもそも人間世界、生物界、自然界つまり全ての世界＝物質界全体に共通した根本法則として、「矛盾」を取り上げているのである。

ハーヴェイ氏には、このようなマルクスの視点が全くないのである。マルクス理論を科学理論としてではなく、思想や哲学として扱うこと自体が、誤りの元である。なぜ「資本主義経済の矛盾」の基本点を語らないのか。著者は、資本の矛盾は指摘するが、その前提にある資本主義経済の基本矛盾を語ろうとしない。なぜであろうか。この基本矛盾を解明せずに、より派生的な「資本の矛盾」などを正しく規定することはできまい。基本的矛盾を解明できなければ、

資本主義経済の要点を規定できないからである。従って17の矛盾を提出し論じても、「資本主義の終焉」について「なぜそうなるか＝主要な原因」を語ることもできないのである。事実その「終焉」どころか、資本主義の永続論しか提出していないではないか。なぜならマルクスは資本主義経済社会を単に趣味的に扱っているのではないからである。

マルクスは資本主義経済について封建経済からの発展（矛盾）の必然性から、その生成を論じている。ところがこの著者は、科学的に分析するとは言いながら、科学を無視して、まさに趣味的、恣意的にテーマを設定し数多く論じているにすぎないのである。もちろんこのようなやり方は、過去において著者が初めてではなく、ロシア革命以降の西欧での知識人や学者特に「マルクス主義哲学者」を名乗った解説者達が、すでに同じやり方で沢山の前例を作っている。

従ってマルクスとは全く違う研究、分析法で論じているだけである。一言で言えばせいぜい「社会学的方法」で現実（分かりやすい現象）を集め、それをなぞっているだけである。今までこのような研究者がいかに多かったことか！　この本のタイトル「資本主義の終焉」の「終焉」についても、ただ現実に終焉的状況が目の前にあるから、それを語っているだけである。

今アメリカではこの「終焉論」が本屋を賑わせているようである。そのうちの有力な本を見ても、みな声高に「終焉論」を語ってはいるが、なぜそうなったのか、科学的に分析し論証したものはない。反資本主義的社会運動や書物、議論などは賑やかではあるが、科学的分析書はまだのようである。これでは反資本主義運動は、壁にぶつかり、停滞か、混乱しかないであろう。資本主義経済の後、誰がどのようにするのか、が全くないからである。

邦訳担当者には、私の疑問や質問、この本の細かい論点には、これ以上触れないでおこう。読者もお分かりのように、資本主義経済社会の生成・発展・消滅の基本的法則については、マルクスは「資本論」などで解明済みである。従ってそれを補う分析以外には科学理論としては必要なく、この著者や邦訳者には、これ以上の期待はできないのである。

あとがき

私は、この本で20世紀のロシア革命以降現在まで続いてきた「ソ連＝社会主義」論の基本的誤りを一貫して指摘してきた。ただその指摘は単に他論者との見解の相違を示してきただけでなく、私以外のほとんどの社会主義・マルクス論者との対決として示してきた。いわば二者択一を迫ったわけである。

その「二者択一」とは、マルクスの思考法である唯物弁証法思考なのか、常識的な「社会学的思考」なのかの選択である。特に「マルクス主義哲学」者が多く輩出したヨーロッパ諸国の学者や知識人たち（もちろん政治家も）が、なぜ常識的思考法を続けてきたのかである。この思考法は簡単に言えば、個人主義・自由主義思考のことである。

彼らはマルクス文献のあちこちを自分勝手にまるで食い荒らすような論考を続けるばかりで、一向になくならないのである。またそれを鵜呑みにする程度の日本人学者や知識人である。その頽廃ぶりを象徴することがある。彼らは例外なく労働者の受ける労働「搾取」＝奴隷制の歴史的解放を語らない。

マルクスの『共産党宣言』が完全に無視されたわけである。この無視を続ける者がどれほど〝反資本主義〟論を展開しても、資本主義終焉後の新しい歴史的社会を造り出すことはできないであろう。今まで1世紀半もその状態が続いてきたことがそれを物語っている。要するにマルクスと科学理論を〝褒め殺し〟にしてきた張本人達でしかなかった。従って私はここで彼らに対して〝引導〟を渡すことにしたのである。

おわり

佐久間　信（さくま　しん）

大学在学中からマルクス主義に関心を持ち研究する。マルクス・エンゲルスが褒めるドイツ人労働者ディーツゲンと同じく、自分自身現場労働者として一貫し生きてきた。著書『マルクスの科学的・労働者社会主義とは何か―「二〇世紀社会主義」論は誤りである―』（朱鳥社　2015年）

マルクスによる「科学的社会主義」の建設
―社会科学理論と労働者の闘いのみが、新しい社会を造り出せる―

2019年2月4日　初版第1刷発行

著　者　佐久間　信
発行者　中田典昭
発行所　東京図書出版
発売元　株式会社 リフレ出版
〒113-0021　東京都文京区本駒込 3-10-4
電話 (03)3823-9171　FAX 0120-41-8080
印　刷　株式会社 ブレイン

ISBN978-4-86641-207-8 C0030
Printed in Japan 2019
落丁・乱丁はお取替えいたします。

ご意見、ご感想をお寄せ下さい。
［宛先］〒113-0021　東京都文京区本駒込 3-10-4
東京図書出版